Transformando Pessoas

Coaching, PNL e Simplicidade
no processo de mudanças

Marcelo Felippe

Transformando Pessoas

Coaching, PNL e Simplicidade
no processo de mudanças

semente editorial

1ª edição: Divino de São Lourenço/ES, na primavera de 2012

© Transformando Pessoas
2012 by Marcelo Felippe

1ª edição, setembro 2012
Direitos desta edição reservados à
Semente Editorial ltda.

Av. José Maria Gonçalves, s/n – Patrimônio da Penha
29590-000 Divino de São Lourenço/ES

Rua Soriano de Souza, 55 casa 1 – Tijuca
20511-180 Rio de Janeiro/RJ
(21) 98207.8535

contato@sementeeditorial.com.br
www.sementeeditorial.com.br

Produção editorial: Estúdio Tangerina
Projeto gráfico e capa: Lara Kouzmin-Korovaeff
Preparação de originais: Milton Alves
Revisão: Mirian Cavalcanti e Tania Cavalcanti
Imagem da Capa: Schutterstock
Editores responsáveis: Constante Kouzmin-Korovaeff
e Lara Kouzmin-Korovaeff

F356t

Felippe, Marcelo, 1981-
Transformando pessoas : coaching, PNL e simplicidade no processo de mudanças / Marcelo Felippe. - Rio de Janeiro : Semente, 2012.
    198p. : il. ; 23 cm

  Inclui bibliografia
  ISBN 978-85-63546-09-8

1. Assessoria pessoal. 2. Neurolinguística. 3. Motivação (Psicologia). I. Título.

12-6880.
CDD: 658.3124
CDU: 658.310.845

Agradeço a Deus,
aos amigos,
a todos que cruzaram meu caminho,
todos que me ajudaram,
que acreditaram em mim,
que me fizeram acreditar em mim,
a todos que mais admiro,
que estão e sempre estarão
presentes no meu coração.

Agradeço também a todos que irão ler este livro,
por me ajudarem a cumprir o propósito da minha vida.

Agradeço ao meu Amor, minha esposa,
cujas observações surgidas da leitura
desses originais ajudaram-me a fechá-lo.

"Cedo ou tarde
diferença entre
e percorrer o

você saberá a
aber o caminho
caminho"

Frase do filme *Matrix*

Pronto
para percorrer
O Caminho?

"O que nos leva a contar histórias, cantar canções, tecer sonhos, fazer filhos, criar coisas que nunca existiram, buscar uma vida diferente pra nós?

O simples e autêntico desejo de ser feliz."

Lara Kouzmin-Korovaeff

Prefácio

Existe um desejo inerente e subjacente a todos os anseios humanos, e presente em todos os corações: o desejo de ser feliz.

Todos os nossos projetos, sonhos e metas, fundamentalmente, são estratégias de realização para, enfim, alcançarmos "a tal felicidade" — uma espécie de recompensa, ou tesouro ao pé do arco-íris.

Mas não somos preparados nem ensinados a discernir, no grande mercado da vida, o que faz a diferença entre *ser* e *estar*. Em meio a tantos apelos e demandas, o mundo contemporâneo oferece "felicidades" tão líquidas e certas quanto supérfluas e fugazes, e neste universo de ilusões perde-se a referência do que realmente é ser feliz, e de o quanto este sentimento está afinado com a coerência entre o que somos, o que queremos e o que fazemos.

É difícil definir rigorosamente a felicidade e sua medida, mas podemos dizer que, ser feliz é uma busca e um encontro; uma busca do seu propósito de vida, e um consequente encontro consigo mesmo. Ser feliz é 'Realizar-se', e nisso de se perceber feliz, estão incluídos um "quê" de plenitude, alegria interior, paz de espírito, gratidão, e a certeza de que, *apesar de... tanta coisa*, está tudo certo.

Este livro vem ao encontro desta busca, e nos oferece um convite para uma pausa e uma reflexão:

A vida tem um propósito, e ser feliz pode fazer parte do pacote.
O que você está fazendo a respeito?

Perguntas essenciais são fundamentais para respostas assertivas, e podem ser o primeiro passo na direção das mudanças que precisamos, queremos e podemos realizar. Seja bem-vindo!

Lara Kouzmin-Korovaeff
Designer, Editora, pós-graduanda em Arteterapia e mestranda em História da Arte

Sumário

15	Apresentação
19	A Felicidade - *Ser, Fazer e Ter*
25	Propósito de Vida - *Para onde Queremos Ir?*
33	A Parte de Cada Um
37	Verdades e Mentiras
41	Até Onde Vai Nossa Compreensão?
45	Preparação em Vez de Preocupação
51	Grandes Conquistas
57	O Caminho da Intuição e da Mudança
63	Equilíbrio Interior
69	Como Elevar Nosso Nível de Equilíbrio?
79	Valores e Crenças
87	A Comunicação Integral
99	Solucionando Conflitos
105	Mudando Nossos Comportamentos

Sumário

113	A Importância dos Significados
121	Os Pilares do Eu
127	Desafios
137	Motivação
143	Acredite em Você e nos Outros
147	No Momento mais Difícil sempre Há uma Saída
153	Superação
157	A Fonte do Sucesso
165	A Vida em 360º
173	A Diferença entre Querer e Fazer
177	Somos Seres Incríveis
183	Volte a Ser Criança
187	Retribuindo à Vida
193	Palavras do Autor
197	Bibliografia

"Sonhos não morrem, apenas adormecem na alma da gente."

Chico Xavier

Apresentação

Às vezes sonhamos com coisas que parecem impossíveis. Temos uma vida toda desenhada e definida, mas por trás dessa estrutura mora um vazio. Esse vazio mora em nossos corações e, por vezes, faz-nos sonhar com coisas incríveis, e só de pensar nelas experimentamos uma sensação de plenitude.

Mas, em outras vezes, gera uma sensação de impossibilidade: afinal de contas, largar uma vida desenhada e bem definida parece loucura. Por que largaríamos uma vida aparentemente completa, movidos por um simples vazio, uma simples sensação que emana de nosso coração nos dizendo que nosso caminho é outro, que temos muito mais do que aquilo para realizar nesta vida?

Poucas pessoas resolvem encarar a busca do que nosso coração sabe que está reservado para nós, mas que ainda não vemos. Muitas pessoas escolhem manter o mesmo esquema de suas vidas, com a "certeza" de que o vazio vai passar.

Este livro foi escrito para esses dois tipos de pessoas: as que querem encarar o desafio, e as que preferem manter a vida do jeito que está.

Para as que resolvem encarar o desafio, ir atrás de um sonho que muitas vezes parece impossível, tenham certeza de uma coisa: vocês vão conseguir.

Busquem os seus sonhos guiados pelos seus corações, aprimorem aquilo que são todos os dias, sejam aquilo que vieram ao mundo para ser. Fazendo isso, é só uma questão de tempo para o sonho estar realizado do lado de fora, porque do lado de dentro ele já estará.

Para as que escolhem manter a vida do jeito que está, embora haja algo dentro de si que diga que você pode mais, não desistam tão facilmente. Os grandes sonhos exigem muito esforço e dedicação. Os grande sonhos começam, muitas vezes, com esse vazio que aparece dentro de nós, com essa sensação que nosso caminho pode ser diferente. Este livro vai ajudá-los a refletir sobre esse vazio e talvez até a perceber que vale a pena investigar e descobrir o que está lá no fundo dos nossos corações, vale a pena sair da rotina para buscar algo mais.

Este livro também é para um terceiro tipo de pessoa: aquelas que querem aprender. O que está escrito aqui é o que aplico em minha vida. Por isso, leiam com atenção e selecionem aquilo que servir para a vida de vocês.

A partir do conteúdo destas páginas estabeleçam uma direção, façam desse conteúdo uma pequena lanterna que começará a iluminar o caminho de vocês em busca dos seus sonhos. Não importa quais sejam; o conteúdo deste livro se aplica a todos, pois traz aquilo que precisamos fazer para realizar qualquer sonho: a transformação de nós mesmos.

Que tudo que for trazido aqui possa ser útil a vocês como foram, são e serão para mim.

Não importando qual seja o sonho de vocês, tenham em mente sempre uma coisa: aquilo que queremos tem que ser bom para nós e para os outros. Se para realizarmos nossos sonhos precisarmos prejudicar alguém, não estaremos falando de sonhos, e sim de pesadelos. Este livro trata de sonhos, ou melhor, daquilo que devemos fazer para alcançá-los.

Os verdadeiros sonhos levam felicidade e crescimento para todos os que estão a nossa volta; por isso, cresça e transforme aquilo que precisar ser transformado dentro de si, e a transformação no outro será uma consequência.

"Lembre-se: a vida só começa a ser boa quando você começa a viver..."

Autor desconhecido

A Felicidade - *Ser, Fazer e Ter*

Você gostaria de ser feliz?

Certamente sua resposta será positiva a essa pergunta. Isso nos leva à segunda pergunta: O que é ser feliz?

Algumas pessoas responderiam que ser feliz é conseguir aquilo que queremos. Você acha que isso é ser feliz? Se pensar bem, vai perceber que isso é ter sucesso (ou pelo menos um tipo de sucesso, pois esse conceito também é amplo). Felicidade está mais relacionada a querer aquilo que você tem, se quisermos pensar nesse assunto de uma forma mais concreta.

Bem, agora que já temos uma noção do que é felicidade, vem a próxima pergunta: As pessoas felizes têm as melhores coisas? Pense um pouco antes de continuar a leitura. (Aliás, tente responder a todas as perguntas deste livro antes de olhar o que vem depois.)

Na verdade, elas não têm as melhores coisas, apenas sabem fazer o melhor de cada oportunidade que aparece em seu caminho. Já tentou ver a vida dessa forma? Já tentou ver o lado positivo de tudo que acontece em sua vida? Já tentou responder a todos os desafios que surgem com um sorriso de quem tem a certeza de que sairá do outro lado ainda mais forte?

Quando nascemos, normalmente estamos chorando enquanto as pessoas a nossa volta estão sorrindo. Precisamos viver nossas vidas de forma que, quando morrermos, sejamos nós a sorrir.

O que você quer para a sua vida? Pense alguns minutos... Escreva rapidamente cinco frases sobre isso antes de continuar a leitura.

1.
2.
3.
4.
5.

Agora analise como você respondeu. Você usou Ser, Ter ou Fazer (ou uma ideia correspondente a cada um) para responder à pergunta?

Normalmente, respondemos coisas como "Quero terminar a faculdade, ter um emprego legal para poder ter minha casa, viajar..." ou "Quero ter uma família legal, estudar no exterior e trabalhar pelo menos cinco anos na Europa". O que essas respostas têm em comum?

A nossa tendência é descrever e buscar o que queremos Ter na vida. E onde fica o que queremos Ser?

Quando pergunto isso às pessoas, muitas têm ideia daquilo que gostariam de Ser, mas dizem que, para ser o que querem, primeiro precisam ganhar dinheiro, ou pagar as contas, ou ter um emprego legal. O tempo vai passando e, pensando assim, acabamos nos perdendo ao correr atrás do que queremos Ter, sempre adiando o que queremos Ser, até que chega o final da nossa vida, e aí, não dá mais para voltar atrás...

Vamos refletir sobre isso! Será que realmente precisamos primeiro Ter para depois Ser? Pense na pessoa mais feliz que você conhece. Agora, analise rapidamente a vida dela e tente perceber o que a faz feliz.

Será que é o que ela tem? Provavelmente você perceberá que ela é feliz porque é aquilo que gostaria de SER e também tem tudo que precisa para isso. E como ela conseguiu SER e TER?

As pessoas felizes que conheci pessoalmente, ou cuja história conheço, normalmente dizem que usaram suas energias para realizar seus sonhos sendo aquilo que queriam ser, fazendo aquilo que queriam fazer e que, apesar de alguns desafios e dificuldades no início, conseguiram ter tudo o que queriam ter.

Uma vez assisti a um vídeo de Roberto Shinyashiki, escritor e palestrante, em que ele conta um pouco da sua história, e consegui observar exatamente isso. Vi também um documentário que contava a biografia do Anthony Robbins, um dos nomes da PNL (Programação Neurolinguística), que mostrava a mesma coisa sobre a vida dele.

A pessoa que mais marcou a história da nossa humanidade, que transformou mais pessoas e que é o maior exemplo que temos, fez tudo isso porque escolheu ser aquilo que queria ser e fez tudo que foi preciso para isso. O nome dele: Jesus.

Portanto, volte à pergunta inicial e construa suas respostas em termos de SER.

1.
2.
3.
4.
5.

Depois, coloque adiante a primeira coisa que irá FAZER para ser aquilo que escolheu ser em cada um dos itens acima.

```
1.
2.
3.
4.
5.
```

O resultado disso sabe qual será? Você terá aquilo que quer, e mais: será feliz.

Algumas das coisas que encontrará neste livro são ferramentas e exemplos que o ajudarão a adquirir os recursos de que precisa para SER aquilo que quer SER.

Quando responder à pergunta referente ao que quer SER na vida, reflita um pouco sobre as respostas. Faça-se a seguinte pergunta: Aquilo que quero SER é bom para mim e para os outros (o que escolhi ser não irá prejudicar ninguém)?

Sua resposta a esta pergunta precisa ser positiva, pois é isso que vai garantir que o que escolheu o faça feliz. Quando escolhemos algo que prejudique alguém, mesmo que indiretamente, não alcançamos nosso objetivo de ser feliz. Podemos até ficar em um estado de euforia e alegria, mas em algum momento o mundo vai dar uma volta e sentiremos o reflexo dos prejuízos causados.

A felicidade é um estado de espírito, lembre-se sempre disso. Ela não depende da realização de um desejo ou necessidade específica, ela está além disso.

Costumamos achar que somos felizes quando realizamos alguma coisa, alguma conquista. Na realidade, na maioria das vezes em que isso acontece, estamos alegres, o que é diferente de ser feliz.

Alegria e tristeza são emoções e, como tal, tendem a variar o nosso estado entre ambas. Felicidade é um sentimento que não varia. Ou alcançamos a felicidade ou não alcançamos, ou somos felizes ou não somos.

Uma fórmula que usamos muitas vezes para descobrir se somos "felizes" é compararmos nosso presente com nosso passado, ou então nos compararmos com aqueles que estão a nossa volta. Tal comparação é válida para estarmos sempre nos avaliando rumo à conquista da verdadeira felicidade. A mesma comparação é válida também em relação ao que podemos aprender com ela, mas não em relação ao julgamento que podemos fazer disso. Usar esse tipo de comparação para aprendermos é uma certeza de que estamos percorrendo o caminho rumo à felicidade. Usá-lo para julgarmos a nós e aos outros é percorrer o caminho da alegria e tristeza. Este último é um caminho que não traz felicidade.

No fundo, tudo que fazemos na vida, consciente ou inconscientemente, é uma busca rumo à felicidade. Por isso, tenha certeza de que todos vamos alcançá-la. A pergunta que fica é: quanto tempo está disposto a esperar por ela?

Não sei quanto a você, mas, no meu caso, prefiro ir ao encontro dela ao invés de esperar que ela me encontre em alguma esquina.

Vá em busca da sua também. Alcançar a felicidade e compartilhá-la com o mundo é um caminho que nos mantém motivados a vida toda.

Pare a leitura agora e dê o primeiro passo.

Não sei qual irá escolher, mas, independentemente de qual seja, comece com um sorriso sincero. Assim, na sua busca, você garante que irá levando junto com você as pessoas que encontrar pelo caminho.

"O propósito é o que movimenta as pessoas."

Autor desconhecido

"Tudo que você precisa fazer é fechar os olhos, se sabe para onde quer ir."

Frase do filme *Amor além da Vida*

"Para onde quer que seu pensamento vá, é para lá que seu corpo também irá, cedo ou tarde."

Frase do filme *Fernão Capelo Gaivota*

Propósito de Vida
Para onde Queremos Ir?

Para onde queremos ir? Para onde você quer ir? O propósito dessa pergunta não é saber em que lugar do mundo queremos estar, e, sim, que direção queremos dar a nossa vida.

Já pensou sobre isso? Encontrou a resposta?

Qual o verdadeiro propósito de nossas vidas? O que viemos fazer neste mundo?

Não é muito simples responder a tais perguntas, mas, se o fizermos, nossa vida passará a ter uma direção, um propósito. Isso quer dizer que encontramos a motivação necessária para vencer qualquer barreira que apareça em nosso caminho.

O que acontece normalmente conosco é que temos um objetivo, nos esforçamos para alcançá-lo, mas, se os obstáculos forem muito grandes, perdemos a motivação de alcançá-lo. O que faz isso acontecer?

Isso acontece devido ao fato de não existir, na maioria das vezes, algo maior por trás, algo que nos diga por que queremos alcançar aquele objetivo. Essa é a função do nosso propósito de vida. Quando sabemos o que viemos fazer aqui, todos os objetivos, todas as metas passam a ser passos para chegarmos aonde sabemos que vamos chegar; afinal de contas, foi isso que viemos fazer aqui.

A maior motivação que podemos ter na vida é saber para onde queremos ir.

Quando pensamos sobre isso pela primeira vez e descobrimos depois qual o nosso propósito, muitas vezes ele parece até impossível.

Imagine Mahatma Gandhi, por exemplo, se na sua juventude, tivesse descoberto que seu propósito era trabalhar pela pacificação do mundo, começando pela Índia (não dá para dizer em que momento exato ele descobriu seu propósito). Na busca por seus ideais sofreu muita violência, passou por situações difíceis, mas jamais deixou de acreditar. Quantos de nós teríamos desistido em situações difíceis como as que ele passou?

Ele veio ao mundo e fez o que acreditava ser o seu propósito. Para muitas pessoas hoje, ainda é um exemplo a ser seguido. O seu trabalho colaborou não só para a independência da Índia, mas também trouxe bons resultados na pacificação entre povos diferentes, além de fortalecer princípios como igualdade e paz (não violência).

Passemos a outro exemplo: Silvio Santos, que começou como camelô e construiu um império chegando a ser dono de uma das maiores emissoras de televisão do Brasil.

O que queremos dizer com tudo isso?

Descubra seu propósito de vida. Lembre-se apenas de que o nosso propósito não é algo a cuja conclusão chegamos refletindo com nossa mente consciente. O propósito vem de dentro, do nosso coração, do nosso espírito, da energia que nos move. Precisamos senti-lo para, depois, pensarmos sobre ele. Ele une todo o nosso ser, toda a nossa energia, nossa mente, espírito e coração, direcionando-os a uma mesma direção. Ele é algo harmônico, que causa não só o nosso crescimento, como o de todos a nossa volta.

Em um primeiro momento talvez pareça algo impossível. Se isso acontecer, lembre-se que o que as pessoas chamam de impossível é aquilo que ainda não viram.

Encontre esse propósito, e sua motivação estará garantida para o resto da vida. Às vezes poderá se sentir cansado e talvez pense que não vai conseguir, mas sempre encontrará forças para se levantar e continuar.

Se você já pensou nisso e já sabe o que veio fazer neste mundo, parabéns. Só por saber isso, tenho certeza de que já é uma pessoa mais feliz. Se ainda não sabe, fique tranquilo, até o final deste livro, se você realmente quiser, saberá.

O primeiro passo para responder a essa pergunta-chave foi dado no capítulo anterior. Quando anotamos cinco frases que respondem à pergunta "O que queremos para nossa vida?" em termos de SER, demos o primeiro passo para saber qual o nosso propósito de vida.

O nosso propósito, a nossa missão, tem a ver com o que queremos SER. Na verdade, ele é uma frase que resume tudo aquilo que queremos SER e FAZER na nossa vida.

Vou dar meu exemplo pessoal para que fique mais claro. Quando eu estava na escola tinha dúvidas se queria ser engenheiro ou professor de Educação Física. Pensei na Educação Física porque sempre adorei esportes, não conseguia ficar muito tempo parado. A Engenharia foi consequência natural da facilidade em matérias como Matemática, Física... enfim, todas relacionadas a números. Nesta indecisão, pesou a pressão de que um engenheiro "tem muito mais chances de ser bem sucedido financeiramente" (muitas vezes é o que levamos em consideração quando escolhemos que profissão queremos ter). Na verdade é exatamente isso: escolhi o que queria TER, e não o que queria SER.

Optei pela Engenharia e passei no vestibular. Na faculdade, percebi que gostava muito mais de pessoas e não de números e máquinas (apesar da facilidade com isso). Quando completei dois terços da faculdade, cheguei à conclusão de que não era aquilo que eu queria. Se pudesse voltar atrás, provavelmente não faria Educação Física, mas sim Psicologia ou algo do tipo. Lia muito sobre pessoas, religiões, psicologia, espiritualidade, entre outros assuntos. Nessa ocasião, consegui um estágio que me levou a trabalhar nas áreas de Vendas, Marketing e Consultoria. Foi quando bateu uma luz e decidi: queria terminar a faculdade e ser vendedor (executivo de negócios, ou outro desses nomes bonitos que existem para a profissão). Assim, poderia trabalhar com pessoas. Terminei a faculdade e fui efetivado na área de Consultoria (naquela época a empresa trabalhava com vendedores experientes, o que não era o caso de um recém-formando). Estabeleci como meta ser vendedor. Comecei a fazer MBA pensando nessa meta e escolhi um projeto final que começou a mudar minha direção novamente: montar uma empresa de treinamento comportamental.

Durante o MBA já havia migrado para a área de Vendas. Comecei a trabalhar como vendedor e percebi que, na verdade, não era bem aquilo que eu queria. O que eu queria mesmo era ajudar as pessoas a crescerem, a melhorarem, a se tornarem pessoas melhores, profissionais melhores.

Em paralelo, já estudava *Coaching*, Programação Neurolinguística e outros assuntos relacionados, além de trabalhar com treinamentos, principalmente nos finais de semana. Percebi então o que queria ser, e minha missão de vida ficou muito clara: quero ser a melhor pessoa que puder e colaborar para que todos à volta extraiam o melhor de si mesmos. Essa frase resume muita coisa que há dentro de mim. Ela resume todas as coisas que quero SER. Depois de alguns anos, concluindo a faculdade que foi escolhida em termos do que queria TER, finalmente descobri o que queria SER.

A partir daí, fiz meu planejamento (afinal de contas, não dá para mudar de profissão de um dia para o outro sem um planejamento prévio). Pedi demissão da área de vendas algum tempo depois e fui trabalhar com uma das coisas de que mais gosto: pessoas.

Tive dificuldades, pois, quando resolvi fazer isso, o mundo entrou em crise. Como resultado, as empresas cortaram os investimentos em treinamentos comportamentais. Precisei voltar a atuar paralelamente no mundo de vendas, o que ainda faço hoje, aumentando meu tempo de transição de carreira. Isso me deixou triste? De início sim, mas percebi que a vida tinha um planejamento para mim bem maior do que o que eu imaginava. A vida me colocava em situações que me fazem crescer imensamente e me aprimoram para exercer plenamente minha função neste mundo. Este livro é um exemplo disso.

Sabe qual é o resultado desse processo? Hoje sou muito feliz, faço o que amo e aprendi a amar o que faço neste momento de transição, e isto se reflete em todas as áreas da minha vida.

De forma bem resumida, este foi o processo que aconteceu e continua acontecendo comigo, e que me levou a descobrir qual a minha missão, qual o meu propósito de vida.

Agora, faça uma reflexão parecida em sua vida e responda às duas perguntas mais importantes:

Qual a sua missão de vida? Qual o propósito da sua vida?

Escreva no espaço adiante a frase que julga definir isso:

A seguir, continue refletindo e lendo o livro, e, cada vez que sentir que essa definição mudou um pouco, volte e coloque no espaço adiante as novas frases que resumem a direção da sua vida:

E a frase que você sentir que é a definitiva, ou a mais próxima disso, registre neste espaço que se segue, para nunca mais esquecê-la:

Quando descobrimos nosso propósito de vida e o que queremos SER, só falta uma coisa: seguir pelo caminho que escolhemos, refletir e aprender muito. E estes últimos serão o objetivo dos próximos capítulos: refletir e aprender.

Antes de finalizarmos este capítulo, se ainda ficaram dúvidas sobre como descobrir nosso propósito de vida, pense no seguinte: imagine que hoje é o último dia da sua vida. Quando for dormir, à noite, sabe que não irá mais acordar, a vida terá acabado (independentemente daquilo em que você acredita, se há vida após a morte, se viramos pó, isso não importa nesse momento). Sabendo que hoje é o último dia, pare agora, olhe para trás no tempo e responda para você mesmo às seguintes perguntas:

O que gostaria de ter realizado nesta vida? Como gostaria de ser lembrado? O que gostaria de ter feito? O que fez nesta vida que realmente valeu a pena?

Depois de refletir sobre isso, vem a pergunta final: se hoje realmente fosse o último dia da sua vida, você teria realizado tudo isso? Teria valido a pena?

Se a resposta for não, comece a viver sua vida de forma a transformar esta resposta em "sim" todas as noites antes de dormir.

Isso é reconhecer e seguir o nosso propósito.

Pense nisso...

"Em uma mente tranquila e relaxada, sem preocupação com o resultado, é onde surgem as soluções para os diversos problemas."

Frase (adaptado) do filme *Conversando com Deus*

"... Você tem que praticar e ver o bem em cada um, e ajudá-los a ver o bem neles mesmos. Esse é o significado do amor."

Frase do filme *Fernão Capelo Gaivota*

A Parte de Cada Um

Se pudéssemos dizer que tudo o que acontece em nossas vidas tem dois responsáveis, estes seriam, em primeiro lugar, nós mesmos, e, em segundo, o Universo, Deus, Energia Cósmica, ou o nome que quisermos dar a essa Essência que permeia e envolve todos nós.

Isso não quer dizer que, quando algo não acontece do jeito que queremos, uma parte dessa responsabilidade é nossa, e outra é de Deus. Quando algo "dá errado", a responsabilidade é toda nossa. Deus só nos ajuda a conseguir aquilo de que "achamos" precisar, aquilo que queremos.

Nossa parte neste mundo é saber O QUE queremos ser, O QUE queremos fazer e O QUE queremos ter.

A parte de Deus é o COMO. COMO seremos o que queremos ser, COMO faremos o que queremos fazer e COMO teremos o que queremos ter.

Ele conhece a melhor forma de conseguirmos aquilo de que precisamos e aquilo que queremos. Só Ele consegue perceber o que realmente queremos ser, fazer e ter. Ele lê nas entrelinhas, Ele percebe os detalhes que nem mesmo nós percebemos. Ele vê a nossa essência, aquilo que realmente somos. Por isso, essa parte é responsabilidade d'Ele.

Às vezes, em nossas vidas, criamos duas situações diferentes. Na primeira, jogamos a responsabilidade toda em Deus. Pedimos a Ele tudo que queremos e ficamos esperando cair do céu. Na segunda, definimos muito bem O QUE queremos, fazemos tudo que é preciso para construir isso dentro de nós, mas também ficamos querendo escolher o Como as coisas irão acontecer.

No primeiro caso, geramos a decepção, fruto de colocarmos a responsabilidade do lado de fora, em algo que não somos nós mesmos. A responsabilidade de tudo o que acontece em nossas vidas é inteiramente nossa. Deus nos apoia para que tudo ocorra da melhor forma para o nosso aprendizado, crescimento e felicidade.

No segundo, geramos a ansiedade, pois ficamos o tempo todo querendo que as coisas que estamos fazendo deem certo, sem ter paciência para esperar o tempo certo e a maneira certa para elas acontecerem. É como uma plantação ou um cultivo de flores: quando plantamos uma roseira, por exemplo, precisamos esperar o tempo certo para que ela cresça e se fortaleça, e só então nos presenteie com lindas rosas.

O que acontece se não tivermos paciência de esperar? Plantamos a roseira em um lugar, mas, ansiosos para ver as lindas flores, achamos que ela não vai adiante. Resolvemos tirá-la daquele lugar e plantá-la em outro, ou plantamos outra muda em outro lugar e deixamos de cuidar da primeira. E assim continuamos a mexer nas mudas, mudando-as de lugar na esperança de que gerem logo uma linda rosa.

Sabe o que acontece quando fazemos isso?

Exatamente, nada. Ela tem o tempo certo para florescer e quando não aguardamos esse tempo geramos mais frustração dentro de nós, porque as rosas não nascem, e, se nascerem, além de levarem mais tempo para isso, não serão do jeito que poderiam ser.

Talvez esse seja o nosso maior desafio: saber esperar o tempo certo para a colheita.

Muitos de nós sabemos exatamente o que queremos, mas ficamos tanto tempo nos preocupando se as coisas vão acontecer, que não damos tempo à semente para crescer e florescer. Além disso, perdemos esse tempo preocupados, em vez de dedicá-lo a plantar novas sementes que garantam que nossas vidas serão só flores no futuro. Afinal de contas, colhemos o que plantamos, mas, para estarmos sempre colhendo, precisamos estar sempre plantando.

Você já sabe "O QUE quer da vida?".

Então plante isso com todo o carinho. Regue todos os dias, adube e espere o momento certo do florescimento. Regar e adubar significam continuar a aprender mais sobre aquilo que quer, continuar a se aperfeiçoar, continuar a acreditar sempre.

Depois de plantar, enquanto continua a regar e adubar, pense em outras coisas que queira plantar e plante. Assim, passo a passo, vamos deixando várias sementes que se transformarão em um lindo jardim na hora certa, na hora que Deus sabe exatamente qual é.

Quão lindo será o jardim? Qual será seu tamanho, seu alcance? De que forma essas flores vão alegrar a vida das pessoas? Deixe essa parte com Deus, pois ele sabe fazer isso com total precisão.

A partir de agora, lembre-se sempre de uma coisa: nossa parte é definir O QUÊ, o resto deixa-se com o Universo. O Universo se encarrega de COMO isso vai acontecer, QUANDO e DE QUE FORMA.

Escolha as sementes que quer plantar e plante. Como disse William Shakespeare: *"Plante seu jardim e decore sua alma em vez de esperar que alguém lhe traga flores"*.

"O quanto de mentira existe nas verdades em que acreditamos?"

Autor desconhecido

Verdades e Mentiras

Provavelmente, só essa pergunta já é o suficiente para ficarmos um dia inteiro pensando sobre o assunto.

O que é realmente verdade?

É difícil termos certeza sobre a resposta referente a tal pergunta. Se analisarmos nossas vidas, provavelmente vamos perceber que muitas coisas que, um dia, foram verdades para nós hoje já não o são mais. Das coisas mais simples, como acreditar em Papai Noel quando criança, até pontos de vista referentes a determinadas situações.

A conclusão a que cheguei pensando sobre isso é que a verdade é relativa. Existe uma verdade absoluta, e esta pertence a Deus. Nossa meta como seres humanos é nos aproximarmos ao máximo dela. Quando nos esforçamos para isso, quando os anos passam e aprendemos coisas novas, o que acontece é que o nosso "nível" de verdade relativa vai aumentando progressivamente. E quanto mais aumentamos este "nível", mais percebemos o quanto falta para compreendermos Deus.

Depois de muito refletir sobre isso, aprendi uma coisa muito importante: precisamos escutar as pessoas, observar os acontecimentos a nossa volta e as coisas que acontecem conosco sem nenhum tipo de julgamento. Sabe por quê? Porque a nossa verdade é relativa, ou seja, a outra pessoa pode estar vendo uma parte da verdade que ainda não alcançamos, ou a vida pode estar querendo nos mostrar outra parte dela.

Será que não é isso que acontece com as religiões, por exemplo? Será que cada uma não consegue acessar uma parte dessa verdade relativa? Algumas mais, outras menos. Será que se olharmos para o mundo como aprendizes não poderemos crescer muito mais, tentando entender que tipo de verdade relativa move cada um e o quanto dessa verdade podemos trazer para nós? Em vez de julgarmos o que os outros fazem ou o que acontece no mundo, poderíamos simplesmente observar, tentar compreender o porquê daquilo na visão de mundo do outro, e só depois ver o que podemos aproveitar para nós e o que não podemos. Se não pudermos aproveitar nada, também não teremos o direito de julgar, sabe por quê? Porque aquilo que está acontecendo tem sentido na visão de mundo, ou na verdade relativa que aquela pessoa consegue alcançar. Percebendo isso, podemos fazer duas coisas: nada, ou tentar ajudá-la a elevar seu nível de verdade relativa.

E como fazemos isso?

Isso dependerá da situação, mas a primeira coisa é que, seja lá o que decidirmos fazer, temos que fazê-lo partindo do mundo daquela pessoa para o nosso, e não o contrário.

Se tentarmos mostrar algo a alguém baseados na nossa visão de mundo, corremos o risco de a outra pessoa não ver. Quantas vezes percebemos que havia algo errado em alguma situação com alguém próximo a nós, tentamos ajudar, mas não conseguimos, e no final ainda "culpamos" mentalmente o outro com um pensamento do tipo: "eu avisei, mas você não me ouviu"?

Será que avisamos mesmo?

Quando tentamos mostrar algo a alguém baseados na nossa visão, corremos um risco muito grande de não conseguirmos o objetivo, pois, partindo da nossa verdade relativa, pode haver necessidade de 10 passos (considerando tratar-se do caminhar de outra pessoa) onde estamos vendo apenas um para se chegar ao lugar desejado. Quando alguém, incluindo nós mesmos, tenta dar um passo que na verdade equivale a 10, o que acontece? Exatamente, caímos. Talvez seja por isso que muitas vezes não percebemos o que precisamos aprender antes de cair. Talvez seja por isso também que muitas vezes não conseguimos ajudar alguém que estamos dispostos a ajudar.

Pense um pouco sobre isso.

Faz sentido para você como faz para mim? Se fizer, a partir de agora lembre-se que o que sabemos nada mais é do que uma verdade relativa. Todos a nossa volta, incluindo toda a natureza, sabem mais sobre alguns aspectos e menos sobre outros do que nós. Baseado nisso, não importa o que aconteça em sua vida, observe e aprenda em vez de julgar.

Todos e tudo têm algo importante a nos ensinar, e nós também temos algo importante a compartilhar com todos.

A partir de agora, quando olhar para qualquer situação, lembre-se de se perguntar: o que posso aprender com isso e como posso ajudar? Olhando o mundo dessa forma, contribuímos para um mundo melhor para nós, para os outros e para toda a natureza.

Como está a sua verdade relativa até aqui? Este livro está contribuindo para algo? Espero sinceramente que sim.

Você gostaria de usar mais o que sabe e possui para compartilhar com os outros?

Então faça-o: comece com um sorriso. O sorriso é sempre o primeiro passo, ele abre portas sinceras. Lembre-se sempre disso.

"Nós não podemos ver além das decisões que não entendemos."

Frase (adaptado) do filme *Matrix Reloaded*

Até onde Vai Nossa Compreensão?

Até onde vai nossa compreensão? Já pensaram sobre isso?

Muitas vezes algum amigo ou uma pessoa mais sábia nos diz alguma coisa que não conseguimos perceber. Nossa tendência, algumas vezes, é negar aquilo por não compreendermos seu significado.

Compare-se com a pessoa que você era cinco anos atrás. Nessa época, você conseguiria compreender muitas das coisas como consegue hoje? Mais do que isso: conseguiria compreendê-las no nível que compreende hoje? Pare por alguns minutos a leitura e realmente visualize-se cinco anos atrás. O que mudou? O quanto aprendeu de lá para cá?

Agora compare você hoje com você daqui a cinco anos (imagine como quer ser). Será que hoje você consegue compreender as coisas que conseguirá daqui a cinco anos? Provavelmente não.

Maturidade tem mais a ver com quantas experiências tivemos e com o quanto aprendemos com cada uma delas do que com o tempo vivido. No nosso dia a dia, temos oportunidade de aprender um monte de coisas. Por muitas vezes, não damos atenção à maior parte por não conseguirmos compreender o sentido daquilo naquele exato momento.

Já pensou em refletir sobre a maioria das coisas que acontecem com você no seu dia a dia, mesmo não as compreendendo, em vez de simplesmente deixar pra lá? Já pensou na hipótese de estar mais aberto a aprender, refletindo sinceramente sobre o máximo de situações que acontecem, mesmo que não as compreenda de imediato? Será que com essa prática diária não conseguiríamos aprender em muito menos tempo as coisas que, no ritmo de reflexão que temos hoje, levaríamos cinco anos para aprender?

Uma pergunta que poderia vir agora: por que preciso aprender mais coisas agora, se tenho a vida toda pela frente? Talvez a melhor resposta a essa pergunta seja: porque, com frequência, conseguimos ser mais felizes e realizados quanto mais conseguimos aprender e aplicar o conhecimento daí advindo em nossas vidas. Nós nos tornamos livres de tudo que sabemos e continuamos escravos daquilo que ignoramos.

Pense nas pessoas mais felizes que conhece. Será que a cada dia elas não se tornam mais felizes? Já experimentou perguntar a elas o que faz essa felicidade tornar-se maior a cada dia? Experimente, pergunte a uma delas. Talvez a resposta que recebamos seja que, quanto mais compreendemos como tudo funciona, inclusive nós mesmos, mais conseguimos navegar com mais tranquilidade por tudo.

E o que essa resposta significa? Significa que aprender e crescer estão diretamente ligados ao nível de felicidade que alcançamos. Já pensou em quantas perguntas já fizemos até aqui neste livro e em quantas outras ainda iremos fazer? Por que acha que perguntamos tanto? Na verdade, o motivo de tantas perguntas é que a resposta não importa se não soubermos fazer a pergunta. **A resposta só é importante quando fazemos a pergunta certa.** Reflita sobre isso por alguns instantes antes de continuar a leitura...

Normalmente, buscamos respostas em nossas vidas, mas será que estamos fazendo as perguntas certas? Quantas vezes você buscou uma resposta, encontrou-a, mas isso não o ajudou a resolver o que queria? Por que será que a resposta não atendeu a sua necessidade? Será que você realmente buscou a resposta para a pergunta certa?

Quanto tempo gastamos buscando respostas que muitas vezes não nos esclarecem o que realmente queríamos saber ou aprender, em vez de investirmos esse tempo, em primeiro lugar, em encontrar as perguntas certas para as quais queremos respostas em nossas vidas?

Será que é importante saber se o nosso companheiro (a) está nos traindo, ou o importante mesmo é saber o que faria uma pessoa como ele (a) trair alguém como nós?

Será que é importante saber se nossa (o) ex-namorada (o) já está com outra pessoa, ou o importante realmente é sabermos o que fez a nossa relação terminar do jeito que terminou, para não cometermos os mesmo erros no próximo relacionamento que tivermos (nem que seja com a mesma pessoa)?

Reparem, a primeira pergunta dos exemplos dados gera respostas que satisfazem nossa curiosidade, e a segunda gera respostas que nos fazem aprender algo com a situação. Qual desses tipos de perguntas precisamos realmente fazer?

Lembre-se: a vida responde àquilo que perguntamos a ela.

Qual será sua próxima pergunta? É exatamente até aí que vai a nossa compreensão.

Nossa capacidade de compreender está diretamente relacionada com nossa capacidade de perguntar. Quanto mais profundas as perguntas que fizermos a nós mesmos, mais profundas serão as respostas que iremos encontrar.

"Aquele que tem um mínimo de fé deveria ter vergonha de se preocupar com qualquer coisa que seja."

Gandhi

"A maior parte das coisas que tememos nunca acontece."

Autor desconhecido

Preparação em Vez de Preocupação

Quantos dias de nossas vidas passamos preocupados? Preocupados com o que irá acontecer amanhã, se os nossos projetos irão dar certo, se fizemos a melhor escolha, se o melhor caminho é o que escolhemos, entre tantas outras coisas.

Preocupação significa ocupar nossa mente com algo que ainda não aconteceu. Será que é realmente nisso que devemos investir nossa energia?

A preocupação que tivemos com algo, alguma vez, melhorou de certo modo a situação? Ou, ao contrário: a preocupação com algo, alguma vez, acabou por piorar de certo modo a situação?

Pense nisso por alguns instantes.

É provável que a resposta à primeira pergunta seja não. Pelo menos, que eu me lembre, nunca vi isso acontecer com alguém.

Já a resposta para a segunda pergunta é sim. Quantas vezes nos estressamos, preocupados com alguma coisa, e no final nenhum daqueles cenários que criamos em nossa mente acontece? Quantas vezes ficamos preocupados com algum ente querido, com o qual não estamos conseguindo falar naquele momento, e no final está tudo bem?

Algumas pessoas podem pensar, por exemplo: "Eu já fiquei preocupada, e no final estava certa. A pessoa em quem pensei passou mal e foi parar no hospital." Mas essa preocupação que teve ajudou de alguma forma a melhorar a situação? Dificilmente a resposta a essa pergunta será positiva, se pensarmos sinceramente sobre ela.

Muito mais eficaz e saudável do que ficar preocupado talvez seja nos esforçarmos todos os dias para garantir que estamos fazendo o máximo que podemos.

Criar uma relação de confiança com nossos filhos para, quando eles saírem, termos a certeza de que qualquer alteração no combinado será informada por eles.

Esforçarmo-nos bastante no nosso trabalho e nos manter sempre atualizados para garantir que, se a empresa tiver problemas financeiros e precisar nos mandar embora, estejamos preparados para encontrar outro emprego rapidamente.

No nosso exemplo anterior: fazer uma visita a essa pessoa ou então dar um telefonema para saber se está tudo bem, e para dizer que nos importamos com ela.

Mais eficaz que a preocupação é a preparação.

Prepare-se. Planeje-se. E empenhe-se para fazer com que as coisas deem certo. Algumas vezes não iremos conseguir o que queríamos, mas teremos a certeza de que aquilo foi o melhor que aconteceu, pois nos esforçamos para isso.

Outras vezes conseguiremos sucesso de forma diferente. Afinal de contas, o planejamento não é necessariamente para ser seguido ao pé da letra. A improvisação é muito importante. Uma parte do sucesso está relacionada a um planejamento e execução bem feitos, e outra parte fica por conta de sabermos perceber os caminhos diferentes que a vida está nos mostrando.

Por último, vamos obter aquilo que queremos, pois planejamos, procedemos aos ajustes quando necessário e fizemos todas as ações imprescindíveis.

Independentemente de qual dos três cenários aconteça, o simples fato de termos nos preparado evita a preocupação. Sabe por que isso acontece? Por que fizemos tudo que podíamos. E quando, mesmo assim, as coisas não acontecem como queremos, é porque a vida tem algo especial para nos mostrar de outra forma. Quando acreditamos nisso, acrescentamos algo a mais no lugar da preocupação: a confiança.

Prepare-se, planeje-se e confie também. Afinal de contas, existe uma força muito maior que nós: Deus, que quer nos ensinar como ser tão grande quanto Ele. E, para aprendermos isso, muitas vezes vamos ter que trilhar novos caminhos, alguns nunca sequer imaginados antes.

Preparação, Planejamento, Esforço e Confiança.

Em vez de gastar energia com preocupação, invista sua energia nesses quatro itens.

Lembre-se de uma coisa muito importante: nem as pessoas, nem as circunstâncias, nem os acontecimentos controlam nossas vidas. Somos nós que direcionamos nossas vidas. Cabe a nós dar a direção, mas também cabe a nós estar atento aos sinais que vêm de fora, trazer para dentro o que for útil e fazer os ajustes necessários no caminho.

Quando percebemos realmente que temos o controle, não sobra mais espaço para a preocupação. Passamos a perceber que os erros e acertos são nossa responsabilidade, e não dos outros.

Quer ver como isso é verdadeiro? O que gostaria de estar fazendo agora, neste exato momento?

A única resposta para essa pergunta é estar aí onde está, lendo este livro. Você pode pensar que gostaria de estar na praia, no cinema, viajando ou qualquer outra coisa, mas, na verdade, você gostaria de estar onde está, lendo o livro. Sabe por quê? Porque é isso que está fazendo agora.

Podemos dizer que gostaríamos mesmo de estar viajando, mas não temos dinheiro para isso. Se quiséssemos realmente, iríamos trabalhar, nos esforçar e planejar para estarmos realizando a viagem. Mas, para tal, teríamos que abrir mão de várias outras coisas.

E sabe por que não estamos fazendo isso? Não é porque não queremos ou não podemos. É simplesmente porque, consciente ou inconscientemente, chegamos à conclusão de que era melhor estar aqui lendo o livro. Talvez a viagem fosse muito legal, mas o esforço que teríamos que fazer para juntar dinheiro a fim de realizá-la, as coisas de que teríamos de abrir mão no caminho não compensariam.

Pensem sinceramente nisso. Isso se aplica a todos; portanto, mais um motivo para não haver preocupação.

Se estiver preocupada com seu marido, que resolveu sair para beber com os amigos e voltar, depois, dirigindo, não fique mais. Perceba que essa foi uma escolha que ele fez, e somente ele terá que arcar com as consequências disso. Se for parado pela polícia e tomar uma multa, é ele quem vai pagar o preço. Cabe a você adverti-lo antes, mas a escolha quem faz é ele, e mais ninguém. Sua escolha é ficar ou não ao lado dele.

Esse exemplo é um pouco forçado, mas, infelizmente, ainda é assim que nós seres humanos aprendemos. Aprendemos mais pelas consequências dos atos que praticamos do que pela reflexão sincera antes de fazê-los. E sabe o que nos faz aprender assim? Exatamente, porque nós escolhemos isso.

Vai chegar o dia em que iremos refletir sinceramente antes de fazermos qualquer coisa, em vez de o fazermos sem escutar os amigos, familiares ou nosso próprio coração, e depois arcarmos com as consequências disso.

Normalmente chegamos a este caminho da reflexão de duas formas: ou pelas consequências graves e desdobramentos das coisas que fazemos (chega um ponto em que não aguentamos mais pancadas; nesse momento, escolhemos outro caminho) ou pelo conhecimento (reflexão sincera sobre o que fazemos e sobre por que o fazemos, além de uma vontade muito grande de aprender e melhorar).

Qual é a consequência principal desse caminho de reflexões?

A diminuição gradativa das preocupações que temos na vida, até chegarmos a um ponto onde não há mais preocupação, e sim preparação, planejamento, esforço e confiança.

Que todos nós iremos chegar a este caminho, não há dúvida. A pergunta crucial é: por qual das duas formas pretenderemos chegar?

Pense nisso. Refletir sobre isso é o primeiro passo para diminuir suas preocupações.

"A grande conquista somente é possível por fora quando a alma a conquista por dentro."

Ramatís

"Você vê coisas e diz: Por quê? Mas eu sonho coisas que nunca existiram e digo: Por que não?"

George Bernard Shaw

"O caminho para encontrar a perfeição e o amor está dentro de nós: observe com sua sabedoria, descubra o que já sabe."

Frase do filme *Fernão Capelo Gaivota*

Grandes Conquistas

Você tem um sonho? Qual o tamanho desse sonho? Quanto mais complexo for ele, mais difícil será realizá-lo. Mas difícil não é impossível. Requer mais esforço, mais suor, mais momentos de achar que não vai conseguir; mas se o esforço for grande, se o coração, a mente e o espírito estiverem alinhados neste sonho, ele será realizado.

Para realizarmos um sonho, precisamos fazê-lo duas vezes. A primeira, dentro de nós; a segunda, materializá-lo, ou seja, realizá-lo fisicamente.

Algum tempo atrás, não existiam celulares. Alguém teve essa ideia, construiu-a dentro de si, escutou muitos "nãos", teve muitas dúvidas, pensou em desistir, mas no final sua energia, sua vontade e seu sentimento foram maiores, e ele construiu o primeiro celular.

Da mesma forma, construímos muitas coisas nos nossos pensamentos, mas elas não se tornam uma realidade física. Isso acontece porque construir algo em nossa mente é só o primeiro passo. Se não empregarmos a energia necessária, o sentimento necessário, a vontade necessária, o máximo que conseguiremos será um pensamento relativamente estruturado sobre algo.

Realizar sonhos tem a ver com coração, mente e espírito. Se para realizar nosso sonho só usamos nossa mente, a chance de ele não dar certo ou, dando, não trazer benefício para todos é muito grande.

Talvez a pessoa que descobriu a energia atômica tivesse como motivação achar uma nova fonte de energia que iria ajudar a humanidade a crescer. Essa pessoa, com esse objetivo, alinhou os três fatores na sua descoberta, mas outra pessoa, guiada somente pela mente, pegou essa descoberta e criou outra coisa, uma arma para criar grandes estragos, a bomba atômica. A mesma matéria-prima, a energia atômica, pode ser usada para ajudar a humanidade a dar um enorme salto no seu crescimento ou para destruí-la. O que a faz ser usada para um objetivo ou para o outro? O coração, a mente e o espírito.

Se usarmos esses três fatores unidos, de forma equilibrada, o sonho já estará realizado dentro de nós.

Para entendermos melhor estes três fatores, podemos pensar neles da seguinte forma:

- **Mente – Ela fala, mas não sabe;** é a nossa parte que possui a capacidade de criar e executar a nossa vontade, os nossos pensamentos. Se quisermos construir um celular, é a mente que irá projetá-lo, idealizá-lo e construí-lo.

- **Coração – É o nosso guia, ele sabe, mas não fala;** sem o coração para nos manter na direção certa, a mente pode se perder indo para caminhos que não sejam bons para todos.

- **Espírito – O espírito é a nossa parte que entende o porquê das coisas;** é uma parte primordial que precisamos desenvolver em nós. É ele quem nos dá o conhecimento de mundo, de vida, de "certo e errado". É o desenvolvimento do nosso espírito que nos permite entender a verdade por trás das coisas, o que realmente é importante e como nos integramos neste universo infinito.

Usando esses três fatores, realizamos o sonho dentro de nós, mas ainda precisaremos materializá-lo. Para tal, precisaremos investir muita energia nele, e essa energia, podemos chamar de **Vontade.**

Quanto maior o nosso sonho, maior terá que ser a nossa vontade para fazê-lo acontecer. Será necessária essa grande vontade para acreditarmos nele quando ninguém mais acredita, para vencermos muitos obstáculos que aparecerão pelo caminho e, principalmente, para vencermos a nós mesmos.

Grandes sonhos transformam as nossas vidas e das pessoas que estão a volta.

Esses sonhos requerem muita força de vontade para prosseguirmos quando todas as opções parecem esgotadas, quando tudo parece que não dará certo, quando as coisas parecem distantes de acontecer.

Nesses momentos, precisamos de muita força de vontade para vencer nossos medos, nossas fraquezas e desânimo, e tentarmos mais uma vez. Mesmo estando sem forças, essa vontade nos faz tentar mais uma vez, e quando parece que não teremos mais forças, vem Deus e nos segura, nos apoia e nos mostra que o sonho já está logo ali, faltando só mais um passo.

Nós, com nossa força de vontade renovada, damos esse passo e tudo começa a acontecer, tudo aquilo que buscamos com todas as nossas forças torna-se realidade.

O sonho é real, estamos dentro dele realizando tudo que acreditávamos ser possível e um pouco mais, transformando para melhor nossas vidas e a vida de todos os que estão a nossa volta.

Esses são os grandes sonhos, aqueles que nos fazem crescer até as alturas, mas que também nos fazem ajudar todos ao redor a crescerem também. Esses são os verdadeiros sonhos.

E o que é preciso para realizá-los?

Unir a nossa mente, nosso coração e nosso espírito com uma grande força de vontade. Quando fazemos isso, unimos a nós a força do Universo.

Quando esses quatro fatores se unem, só é possível uma coisa: felicidade incondicional, e é disso que tratam os grandes sonhos.

Que tipo de sonhos você tem?

Se for daqueles que parecem impossíveis, mas dão um sentido a sua vida, una os quatro fatores com o grande apoio que nosso Mestre Maior nos dá e realize-o, mesmo que isso leve uma vida inteira, mesmo que ele receba ajustes no caminho. Afinal de contas, foi isso que você veio fazer aqui, realizar seus maiores sonhos.

De agora em diante, lembre-se sempre:

"A grande conquista somente é possível por fora quando a alma a conquista por dentro".

Se você realmente quer conquistar alguma coisa na vida, comece por conquistar a si mesmo. E conquistar a si mesmo significa fazer com que mente, coração, espírito e vontade caminhem na mesma direção.

Qualquer desalinhamento entre esses quatro fatores significa desvios no nosso caminho. Desenvolva essas suas quatro partes, alinhe-as e una-as dentro de você.

Você é a ferramenta mais importante para realizar tudo o que quer na vida. Quanto mais aprender sobre essa ferramenta, maior será sua capacidade de utilizá-la.

"Apenas pense no amor e veja aonde será levado."

Frase do filme *Fernão Capelo Gaivota*

"O futuro pertence àqueles que acreditam na beleza de seus sonhos."

Elleanor Roosevelt

O Caminho da Intuição e da Mudança

Como acontece aquilo que chamamos de intuição? Como as mudanças começam a se processar dentro de nós?

Para respondermos a isso, precisamos falar das nossas três mentes. Uma excelente descrição delas pode ser encontrada no livro *O Poder do Cérebro e da Mente*, de Laureli Blyth.

Cada uma das nossas mentes tem papel específico em nossas vidas. Adiante, faremos um resumo de cada uma delas, com base nas definições dadas por Laureli Blyth:

- **Mente consciente superior** – É também chamada de superconsciente. É a nossa parte que tem contato com o "inconsciente coletivo" conceituado por Jung. Acredita-se ser a nossa conexão direta com a Mente Universal e também possuir o conhecimento do nosso propósito de vida, do por quê de estarmos aqui. Essa mente é como se fosse o nosso Guia.

- **Mente inconsciente** – É também chamada de subconsciente. É o depósito de recordações, emoções, hábitos e comportamentos. Ela não rejeita nenhuma informação. Capta tudo que acontece a nossa volta. É nela que estão armazenadas nossas crenças, valores e nosso sentido de identidade. Ela pode processar e lidar com uma quantidade ilimitada de informação sem se sobrecarregar. Comunica-se diretamente com a mente consciente superior.

- **Mente consciente** – É a mente objetiva, racional. É nossa percepção ou consciência válida a qualquer momento. Possui uma capacidade de armazenamento limitada. É totalmente abastecida e assistida pela nossa mente inconsciente.

O caminho da intuição

O caminho da intuição começa pela nossa mente consciente superior (MCS). A MCS está conectada com o todo, com o Universo, com tudo aquilo que está além de nós. **Ela sabe exatamente o que é necessário para cada parte desse todo fazer que o equilíbrio, a felicidade e a harmonia se façam presentes.** Ela consegue ver o melhor caminho para trilharmos até o fim de nossa jornada, enquanto a nossa mente consciente (MC) consegue ver, no máximo, alguns passos à frente. A MCS comunica-se diretamente com a mente inconsciente (MI), enviando para esta todas as direções que devemos seguir durante toda a nossa jornada. Na continuação deste processo, a MI repassa as informações que recebe para a MC através dos sonhos, de metáforas, de reflexões que fazemos aparentemente do nada. Como quando estamos vendo um filme, e alguma cena remete diretamente à nossa vida e nos faz rapidamente fazer uma associação e chegar a uma conclusão que não havíamos enxergado antes. Ou quando estamos em um momento de relaxamento e, de repente, surge uma ideia nova que resolvemos pôr em prática, como uma viagem, e nessa viagem conhecemos alguém especial que vai compartilhar a vida conosco.

Essas ideias que surgem aparentemente do nada, os sonhos esquisitos que muitas vezes temos, uma cena de um filme, uma música que nos faz pensar em algo que nunca pensamos. Essas são as formas de nossa MI nos avisar das direções que temos que seguir, das coisas que precisamos reavaliar e das atitudes que temos que tomar. Quanto mais abertos e atentos estivermos a essa comunicação metafórica que a nossa MI realiza com a nossa MC, mais conseguimos ouvir a voz da verdadeira intuição.

Esse é o real sentido de sermos guiados pelos nossos corações. Os "*nossos corações*" são nossas MCS nos avisando do que devemos fazer na vida, que caminhos devemos seguir.

Quanto mais nos permitimos ouvir esta voz, maior é a certeza de trilharmos o verdadeiro caminho da felicidade, da harmonia e do equilíbrio que buscamos na vida em todas as suas áreas.

Quanto mais bloqueamos isso, ficando apenas com a lógica da nossa MC, mais limitados ficamos e passamos a percorrer a vida como que vendados, pois, por mais que a MC saiba alguma coisa, seu conhecimento e visão não se comparam às nossas duas outras mentes.

Permita que a MC guie nosso barco, mas tendo sempre como base as instruções que a MI e a MCS nos passam, por mais esquisitas que possam parecer em um primeiro instante. Com certeza, ao longo do processo, a MC irá compreender o porquê daquele caminho e adquirirá mais experiência consciente para as próximas viagens.

O caminho da mudança

Nossa MC tende a bloquear qualquer informação contrária a ela; por isso, para gerarmos uma mudança em alguém ou em nós mesmos, normalmente precisamos transmitir ou receber (no caso de mudança em nós mesmos) uma mensagem em forma de metáfora ou parábola. Era exatamente assim que Jesus e Buda, por exemplo, ensinavam.

Por que isso ocorre?

Isso ocorre porque a melhor forma de nossa MC realizar alguma transformação é receber essa mensagem de nossa MI como se fosse a voz da nossa consciência.

Quando Jesus ou Buda (fontes externas) queriam ensinar algo a alguma pessoa, usavam uma parábola ou metáfora que acessava diretamente a MI da pessoa, ou seja, como não é direta, a comunicação passa pela MC e vai direto para a MI. Quando a pessoa pensava sobre a metáfora, sua MI ajudava sua MC a ligar aquela história a alguma coisa que estava acontecendo na sua vida naquele momento. Quando a MC faz tal reflexão, percebe aquilo que precisa fazer, e aquele processo de mudança começa a ficar claro para ela.

Sabe o que é mais fantástico nisso tudo? Quando a comunicação externa vem de forma metafórica, ela atinge todas as pessoas no grau exato que cada uma pode suportar.

Quando percebemos que um amigo nosso precisa mudar algo e tentamos dizer isso diretamente a ele, além de corrermos um risco muito grande de a MC bloquear a informação que está recebendo contrária ao que ela tem como certo, estaremos esbarrando na dificuldade de conseguir mensurar com êxito o que é um nível de mudança ideal para a outra pessoa. Quando observamos que alguém precisa mudar algo, para nós isso pode parecer apenas um passo, mas para a outra pessoa pode ser uma longa caminhada. Se tentarmos transmitir essa mensagem como a compreendemos, existe um grande risco de a outra pessoa não entender e nem conseguir acessá-la devido à quantidade de passos à frente que aquilo significa para ela. Poucos de nós conseguem transmitir uma mensagem na exata proporção da capacidade que o outro tem para receber aquela informação, o que é mais um motivo para usarmos linguagem metafórica. Dessa forma, a própria MI da pessoa irá ajudá-la a refletir até o seu limite.

Quanto mais nos desenvolvemos como seres humanos, e isso inclui mente, coração e espírito, como dissemos em um capítulo anterior, mais adquirimos a capacidade de receber e analisar informações diretamente pela MC, sem a necessidade de muitas metáforas. Como não é muito fácil avaliar até que nível conseguimos receber algo contrário a nossa "verdade", na dúvida use sempre uma linguagem metafórica para ajudar o outro a encontrar a resposta por si mesmo.

A figura abaixo mostra os passos desses dois caminhos, da intuição e da mudança.

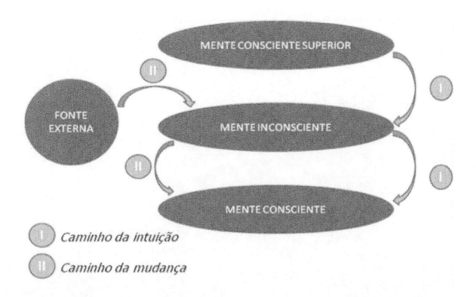

"Quando somos maiores do que aquilo que fazemos, nada pode nos desequilibrar."

Chamalú – Xamã Quíchua

Equilíbrio Interior

Na minha vida, procuro sempre fazer as coisas que amo. Quando estou fazendo tais coisas, sinto-me muito bem. Afinal de contas, qual de nós não se sente bem quando está fazendo aquilo de que gosta?

Apesar desse enorme bem-estar, uma coisa engraçada acontece. Por mais que adore fazer uma determinada coisa, não consigo ficar fazendo essa mesma coisa o dia inteiro. Por exemplo, amo praticar e dar aula de Tai Chi Chuan, mas não consigo fazer isso todo o tempo. Amo ler, mas não consigo ficar muito tempo lendo sem intercalar com outra atividade. Engraçado, se adoro fazer algo, por que não consigo ficar fazendo isso o tempo inteiro?

Depois de me fazer essa pergunta por algum tempo, percebi que necessito de equilíbrio. Existem muitas coisas que adoro fazer, e o que me dá mais satisfação é poder fazer todas elas. Para conseguir isso, não posso me dedicar somente a uma por muito tempo. Se faço isso, é como se meu corpo, meu coração, meu espírito e minha mente chamassem minha atenção para mostrar que, na verdade, o que realmente preciso é satisfazer esses quatro itens (corpo, coração, espírito e mente) na medida exata da necessidade de cada um.

Quando não faço isso, não me sinto completo, por mais que esteja fazendo algo de que goste. Por exemplo, quando estou lendo muito, satisfazendo minha mente, meu corpo pede que eu faça Tai Chi ou caminhe. Quando fico muito tempo lendo e depois fazendo Tai Chi, meu coração me pede que brinque com os cachorros que amo tanto. Quando faço essas três coisas, meu espírito me pede que observe a natureza ou que estude algo que me faça compreender melhor quem sou eu, de onde vim e para onde vou. Nós precisamos de equilíbrio em tudo que fazemos. Podemos fazer muitas coisas, mas precisamos ser mais do que aquilo que fazemos.

Quantas vezes mudamos de direção na vida? Quantas vezes a vida nos leva para caminhos pelos quais não esperávamos passar? Eu percebi que a vida me direciona para onde tenho que aprender algo. Quando isso é feito, sou direcionado para outro caminho, e assim vou sendo preparado para realizar minha missão de vida e para alcançar níveis cada vez mais profundos de equilíbrio.

Será que toda essa mudança que a vida nos traz não quer nos levar justamente para nosso equilíbrio? Ou para níveis mais profundos de equilíbrio?

Por algum tempo, eu queria encontrar um jeito de morar no interior, no meio do mato, vivendo uma vida tranquila, harmoniosa, "equilibrada". Fiquei algum tempo querendo encontrar uma forma de trabalhar em um lugar assim, para ter uma vida mais tranquila. Esse pode ser um caminho para encontrar nosso equilíbrio? A princípio pensei que sim, mas acabei descobrindo que não. Morar em um lugar tranquilo buscando uma vida equilibrada pode ser um grande engano se não fizermos algo primeiro: antes de morar em um lugar tranquilo para fugir da agitação, precisamos aprender a viver tranquilos no meio da agitação.

Quando aprendemos a viver tranquilos e serenos em qualquer lugar, aí sim, caso ainda queiramos, podemos ir viver em um lugar tranquilo com a certeza de que estamos escolhendo aquilo porque preferimos, e não como uma forma de nos enganarmos, achando que um lugar tranquilo traz o equilíbrio que procuramos.

O equilíbrio está dentro, não fora. Ele é interior, e não exterior. Não tem nada a ver com o lugar onde vivemos, mas sim com quem nós somos. Não tem a ver com o que nos acontece, mas sim com a reação que temos ao que nos acontece. Equilíbrio não tem a ver com um lugar bonito, e sim com o alinhamento do nosso corpo, coração, espírito e mente. Essas quatro partes de nós precisam se tornar uma única coisa.

É esse o primeiro passo para alcançar o verdadeiro equilíbrio interior. Depois disso, depois de já estarmos no caminho certo, precisamos apenas seguir adiante, e a cada passo aprender uma lição importante que nos torna cada dia mais equilibrados, cada dia mais serenos.

E quando esse caminho acaba e nos tornamos realmente equilibrados?

Nunca. Sempre podemos aprender algo mais, sempre podemos nos alinhar mais, sempre podemos ir além, e é esse um dos grandes baratos da vida: os desafios nunca terminam e nossa satisfação só aumenta cada vez que vencemos um deles.

Como está tratando suas quatro partes: corpo, coração, espírito e mente? Está satisfazendo essas quatro partes?

Se ainda não estiver, procure atividades de que realmente goste para cada uma delas. Essa é a forma de nos tornarmos um indivíduo pleno, ou seja, um ser indivisível, único. Enquanto não fazemos isso, funcionamos muitas vezes com essas quatro partes separadas, e, na separação, não há o equilíbrio.

Quer conhecer outra indicação de que estamos nos tornando mais equilibrados? Quando aquilo que queremos passa a ser igual àquilo de que precisamos, podemos ter a certeza de que estamos indo pelo caminho certo. É uma fórmula simples:

quando o nosso desejo é igual a nossa necessidade, o resultado é o equilíbrio.

Perceba isso. Avalie se aquilo que normalmente quer é aquilo de que necessita. Vamos imaginar que esteja com fome e, neste momento, deseje comer um belo sanduíche com batatas fritas e refrigerante. Isso que você quer comer é o seu desejo para matar a fome, mas é isso de que seu organismo precisa para se abastecer e manter o equilíbrio? Com certeza, não. O que você quer comer neste momento não é aquilo de que seu organismo precisa. Quantas vezes acontece isso no nosso dia a dia? E qual o resultado disso?

Se pensássemos apenas em relação à comida, o resultado com o tempo seria uma pessoa acima do peso com suas taxas de triglicerídeos, colesterol, entre outras, acima do patamar de equilíbrio. Isso gera um corpo sobrecarregado, causando um estresse que sobrecarrega a emoção, que sobrecarrega a mente, que sobrecarrega o espírito.

Enfim, cada coisa que desejamos que não se alinha com aquilo de que realmente precisamos causa algum tipo de sobrecarga em nós. Essas sobrecargas, pontualmente, muitas vezes não são nem percebidas, mas, com o tempo, causam doenças, mal-estar, estresse, infelicidade e aborrecimentos. E quando nos vemos em uma situação de estresse ou um aborrecimento qualquer, o que fazemos? É claro que pensamos logo que isso está acontecendo porque temos desejado coisas de que não precisamos, não é mesmo?

Infelizmente, não. Infelizmente, preferimos colocar a culpa do lado de fora, dizer que o trânsito infernal nos deixa estressados, que a atitude da outra pessoa nos magoa, que sempre sobra para nós. É mais fácil fugir da responsabilidade. Somos os únicos responsáveis por nós mesmos. Só nós podemos nos fazer felizes, e para chegar lá são necessárias coisas simples como alinhar o nosso desejo à nossa necessidade, como manter corpo, mente, coração e espírito em atividade constante. E a pergunta fundamental é: por que não fazemos essas coisas simples? Porque é mais fácil viver no automático, é mais "prazeroso" manter a ilusão de que estamos realizando nossos desejos.

Quantas vezes compramos uma roupa porque nos deu vontade e quase não a usamos? Quantas vezes compramos um sapato que quase não o usamos? Quantas vezes brigamos com uma pessoa de que gostamos para depois sentir falta dela? Quantas vezes queremos ter alguma coisa que está na moda ou é a novidade do momento, e pouco tempo depois que a conseguimos, acabamos deixando-a de lado?

Esses são alguns dos desejos que escolhemos satisfazer a todo instante e que não nos levam a lugar nenhum, não têm nada a ver com aquilo de que realmente precisamos e só causam a ilusão da satisfação momentânea. Pensem nisso com muito carinho, pensem se aquilo que desejam é realmente o necessário.

Nossa felicidade é importante demais para tornarmos os outros ou as circunstâncias responsáveis por ela. Vamos assumir a responsabilidade sobre nós mesmos, alinhar nossos desejos às nossas necessidades, desenvolver nosso corpo, coração, mente e espírito na mesma proporção. Vamos ser felizes, só depende de nós. Não é fácil, pois requer muito esforço inicial de nossa parte para mudarmos hábitos, mas é simples porque o que realmente nos faz feliz, no fundo, são as coisas simples. Seja simples, seja feliz e colha o equilíbrio como consequência.

Se não quiser buscar isso por conta própria agora, não se preocupe; mais cedo ou mais tarde, a vida o conduzirá para isso. Afinal de contas, é para o equilíbrio que a vida nos guia, mesmo que às vezes não o percebamos...

"A sombra perde o poder quando a consciência para de se dividir."

Deepak Chopra

Como Elevar Nosso Nível de Equilíbrio?

No capítulo anterior, falamos sobre o que é esse equilíbrio e como podemos alcançá-lo. Podemos resumir os pontos em dois itens simples:

- **Alinhar desejo com necessidade.**
- **Alinhar e desenvolver corpo, coração, mente e espírito.**

Agora vamos nos aprofundar um pouco mais, vamos levar isso para nosso dia a dia, colocar essa teoria na prática. Para fazermos isso, em primeiro lugar, na tabela adiante, considerando 10 níveis de desenvolvimento, marque um x no nível em que você acredita se encontrar para cada um dos itens (corpo, coração, mente e espírito).

Antes de preenchermos a tabela, vamos definir um pouco melhor o que é ter cada um desses níveis desenvolvido. A seguir, um resumo do que é um nível elevado de desenvolvimento de cada um, considerando a minha compreensão atual do assunto:

- **Corpo** - Estar em boa forma física, fazer atividades físicas constantes; Ter uma alimentação saudável, dar preferência a legumes, frutas e cereais; ser vegetariano ou pelo menos comer carnes, seja qual for o tipo, com moderação; "escutar seu corpo" para saber até que nível você pode ir nas atividades físicas que faz, para saber o que deve ou não comer; ser saudável, não ter nenhum tipo de doença, não pegar nem resfriado; por ser saudável, não precisar fazer uso de remédios, e, quando precisar, usar remédios naturais que não agridam o organismo. Qualquer tipo de doença é um sinal de que há um desequilíbrio em alguma parte de nós (não só no corpo, mas também no coração, na mente e no espírito).

- **Coração** - Saber silenciar a mente para escutar a voz do coração sempre que for necessário; Praticar meditação, exercícios de observação interior, contemplar a vida (a natureza, as pessoas, as situações) sem emissão de julgamento, se possível, com a mente em silêncio quando quiser compreender algo mais profundamente; Ser guiado por aquilo que vem de dentro, e não pelo que vem de fora.

- **Mente** - Ter a inteligência alinhada à capacidade de pensar tanto concreta quanto abstratamente sobre um assunto ou uma ideia; Ter facilidade para entender a lógica das coisas; Ter facilidade de aprender, inclusive assuntos mais complexos; Ter facilidade de encontrar soluções para os desafios que surgem; Conhecer bastante do que for importante para você.

- **Espírito** - Ter uma compreensão ampla da vida, do porquê de as coisas acontecerem; Ter a capacidade de perceber o que está por trás das coisas, quais as causas reais dos efeitos que são visíveis para todos; Estudar e compreender o mundo espiritual, independentemente de religião; Ter uma concepção do que é Deus, a Natureza, o Universo, e de como tudo se harmoniza para que toda a criação evolua; Estar sempre aberto para a hipótese de que aquilo que acredita ser verdade possa ser sempre melhorado. Compreender que a verdade absoluta é de Deus, do Universo. Nós alcançamos níveis de verdade relativa, e a cada passo vamos subindo de nível, ou seja, o que é verdade hoje para nós pode não ser mais amanhã; Estar sempre praticando algo que desenvolva o nosso espírito; Fazer por nós mesmos aquilo de que realmente precisamos; Fazer pelo outro tanto quanto fazemos por nós.

Agora, preencha a tabela a seguir com aquele que acredita ser seu nível em cada um. Seja sincero.

Níveis de Desenvolvimento Interno	N1	N2	N3	N4	N5	N6	N7	N8	N9	N10
Corpo										
Coração										
Mente										
Espírito										

Normalmente acrescento mais um nível neste exercício. Eu mesmo faço uma avaliação da pessoa com a qual estou trabalhando, e depois comparamos as duas: a que a pessoa fez e a que fiz. Chegamos a um consenso e fazemos uma terceira. Começamos a trabalhar em cima desta última. Como não dá para fazer isso aqui, vamos ficar apenas com a avaliação que você fez.

Com a avaliação pronta, podemos olhar para ela e ver qual o nível de discrepância entre os itens. O nosso ideal é termos todos os itens no mesmo nível, e essa será a primeira coisa que iremos trabalhar para alcançar.

Agora que sabemos nosso nível em cada item, vamos definir uma série de atividades/tarefas/exercícios voltados para cada um deles, com o intuito de desenvolvermos todos de forma equilibrada. Independentemente de termos um muito mais desenvolvido do que outro, vamos trabalhar todos eles. A diferença será o nível de trabalho em cada um.

Vamos escolher o que vamos fazer em cada um deles para desenvolvermos todos. Como não estou próximo a você, conto com seu compromisso de que vai realmente fazer isso. Esse compromisso não é comigo, é com você mesmo, mais **especificamente com o melhor que pode se tornar se realmente quiser e fizer por onde.**

Adiante vou dar uma lista dessas atividades/tarefas/exercícios que podem ser feitos para desenvolver cada item. Você irá escolher algumas destas atividades para cada um deles. Comece fazendo uma, e depois vá acrescentando outras práticas. Nesta altura, você já entendeu a dinâmica e, por isso, incentivo-o a criar seus próprios exercícios. Considere uma coisa muito importante nessa prática: o nível de trabalho e atividades tem que ser maior nos itens menos desenvolvidos em você. Para os itens mais desenvolvidos, faça atividades mais leves. A ideia é, em um ponto no futuro, em data escolhida por você, chegarmos com todos os itens no mesmo nível de desenvolvimento, ou pelo menos diminuir a discrepância. Adote certa flexibilidade para com esta data, já que você estará praticando sozinho. Se tiver dificuldades, não desista, procure um profissional que possa auxiliá-lo com isso. O nosso crescimento integral é a coisa mais importante em nossas vidas.

Se começar a praticar o item mais desenvolvido numa intensidade maior ou até igual aos demais, acabará causando um nível de desequilíbrio maior; por isso, seja muito sincero nessa prática. Muitas vezes, quando desenvolvemos demais um lado, temos uma impressão aparente de que estamos crescendo muito, mas, acredite, isso é uma ilusão. Por isso, dedique mais intensidade aos itens menos desenvolvidos.

A seguir, algumas coisas que podemos fazer para desenvolver cada um dos itens. Vale ressaltar que muitas vezes uma atividade trabalha mais de um dos itens ao mesmo tempo.

Para desenvolver o corpo

> Caminhar ao menos três vezes por semana, aumentando o tempo gradativamente até estar andando cerca de uma hora;

> Melhorar os hábitos alimentares de forma gradativa. Vá diminuindo a quantidade de alimentos gordurosos e pesados e aumentando a

quantidade de alimentos leves e saudáveis, como frutas, legumes e cereais. Se quiser atingir nível mais profundo, diminua a quantidade de carne vermelha até poder eliminá-la. Faça o mesmo com o frango e o peixe, se achar necessário, mas tenha a certeza de que sabe quais alimentos deve consumir para substituir os nutrientes de que necessita. Na dúvida, procure um médico antes de qualquer coisa. Na verdade, em relação a qualquer hábito que queira modificar e que mexa com sua saúde, se não tiver muita certeza do que está fazendo, procure sempre o auxílio de um profissional qualificado (médico, nutricionista);

> Quando olhar para um alimento (normalmente isso acontece mais com aqueles que não nos fazem tão bem, mas que gostamos de comer), pergunte mentalmente ao seu organismo se é daquilo que ele precisa e se irá sobrecarregá-lo. Só coma se sentir que deve (vale ressaltar que essa resposta só vem quando aprendemos a silenciar a mente);

> Andar de bicicleta pelo menos três vezes por semana, praticar Tai Chi Chuan, Ioga, natação ou qualquer outra atividade de que goste com regularidade; buscar sempre levar a consciência para seu corpo. Perceba como ele responde a cada situação, que mensagem ele passa e que você costumava nem perceber. O nosso corpo nos diz tudo aquilo de que necessitamos.

Para desenvolver o coração

> Pratique meditação diariamente; seja enquanto caminha para o trabalho, sentado, deitado, da forma que preferir. Escolha o tipo de meditação que for melhor para você;

> Pratique o silêncio. Busque silenciar a mente e manter seu estado de presença cada vez mais elevado para perceber o que está acontecendo com você e a sua volta. Silenciar a mente requer muita

prática. De início, muitos pensamentos virão. Apenas observe-os, mas não os alimente. Com o tempo e com a prática, eles silenciarão. Você pode praticar isso sentando em sua casa, caminhando na praia, escutando uma música suave que colabore para a sua harmonia e do ambiente, ou de outra forma que preferir;

> Observe uma pessoa e sinta o que ela passa para você. Não tente analisar nem pensar sobre o que está vendo, apenas sinta. Olhe para as pessoas na rua e sinta o que elas passam, defina isso em uma palavra;

> Observe as pessoas na rua e emita um pensamento positivo para cada uma. O pensamento positivo que vier (ex: "seja feliz", ou "vença o cigarro", ou "você vai conseguir melhorar, estou torcendo por você");

> Pratique *Tai Chi Chuan*. Ele nos ensina a levar a atenção para dentro, a perceber o fluxo de energia em nós e na natureza.

Para desenvolver a mente

> Leia livros de autoajuda, psicologia, desenvolvimento comportamental ligados aos temas que quer aprender mais;

> Estude programação neurolinguística (PNL). Ela nos ensina como nossa mente funciona e como podemos usá-la para nosso crescimento;

> Veja filmes e documentários que levem à reflexão. Isso ajuda no desenvolvimento não só da mente, mas de todos os demais itens;

> Faça o primário, segundo grau, faculdade, pós-graduação, MBA, enfim, estude e se desenvolva profissionalmente;

> Jogue videogame. Se não o fez na infância, faça-o um pouco agora. Os jogos ajudam a desenvolver a velocidade do raciocínio;

> Estude sobre *coaching*. Resumindo, *coaching* é uma prática que nos ensina como alcançar nossos sonhos. Ele é baseado em perguntas e desafios que nos fazem encontrar as respostas dentro de nós. Este capítulo nada mais é do que uma sessão de Coaching que faço com meus clientes;

> Desenvolva o pensamento sistêmico. Se você der um passo, como isso afeta todos que estão a sua volta? Faça esta pergunta em relação a qualquer coisa que escolher fazer e perceba o quanto nossas escolhas afetam a nossa vida e a das pessoas que estão ao redor.

Para desenvolver o espírito

> Leia livros que mostrem uma visão espiritual do mundo, leia sobre espiritismo, budismo, teosofia, espiritualismo ou outro assunto que interesse mais a você;

> Faça algum tipo de prática espiritual. Vá à igreja, a um centro espírita, a um templo budista, a um estudo filosófico sobre a vida, Deus, enfim, escolha práticas afins com você que mantenham seu espírito em constante movimento;

> Converse com um amigo que siga alguma religião, filosofia ou prática espiritual e busque entender o que o faz seguir por aquele caminho. Selecione as coisas boas que aprender e traga-as para sua vida;

> Como diria nosso grande amigo Jesus, "ama ao próximo como a ti mesmo". Olhe para todos os seres e perceba que todos fazem parte da criação. Ame a todos: as plantas, os animais, as pessoas que são parecidas com você, aquelas que são diferentes, também as que cometem erros, por maiores que sejam;

> Citando novamente nosso grande Mestre: "só faça aos outros aquilo que gostaria que eles fizessem a você"; Quer ter um cachorro? Estude e entenda como educá-lo de forma a desenvolver o máximo do seu potencial e torná-lo feliz; Quer ter um filho? Estude sobre como educar crianças no sentido físico, comportamental, psicológico, emocional e espiritual. Assim, a chance de estar construindo uma família feliz será muito maior. Nada melhor para nosso desenvolvimento espiritual do que uma família feliz e unida.

Enfim, invente seus próprios exercícios, trabalhe cada parte da sua vida de forma a se desenvolver por completo, transformando-se em um verdadeiro homem integral.

As melhores lições estão nas coisas simples. Procure percebê-las e aprender com elas. Uma lagarta, por exemplo, passa por toda uma transformação, quase perde as forças, mas, no fim, devido a todo o seu empenho e determinação, torna-se uma linda borboleta.

Quando todos os níveis estiverem ao menos bem próximos, mantendo as práticas, escolhendo aquelas cada vez mais profundas para todos, vamos aumentando cada vez mais nosso nível de equilíbrio e harmonia.

Cá entre nós, não há nada como se sentir em harmonia com o que você é e com a vida à volta. A felicidade que isso gera não pode ser expressa por palavras.

Pratique, reflita, pratique, reflita, silencie a mente, reflita, pratique, pratique, reflita, silencie a mente — eis o caminho para atingirmos níveis de harmonia e felicidades cada vez maiores.

Se não conseguir fazer isso sozinho, busque ajuda. Quando realmente queremos fazer algo, a solução sempre aparece.

Para finalizar este capítulo, vale sempre lembrar uma coisa: tudo isso que eu disse até aqui, e que vou dizer ao longo do livro, são apenas coisas que aplico diariamente em minha vida e que proporcionam, não só para mim como para as pessoas por mim testadas, um resultado muito bom.

São apenas experiências que compartilho.

Separe aquilo que servir para você e deixe no canto o que não servir. Talvez sirva um dia, talvez não, quem sabe...

"O único homem que eu conheço que se comporta sensatamente é o meu alfaiate; ele toma minhas medidas novamente a cada vez que me vê. O resto continua com suas velhas medidas e espera que eu me encaixe nelas."

George Bernard Shaw

Valores e Crenças

O que está por trás da felicidade? Aliás, o que está por trás de tudo o que fazemos na vida? Já pensou nisso? O que motiva uma pessoa a estar sempre sorrindo, de bem com a vida, enquanto outra está sempre resmungando ou reclamando de algo?

São nossos valores e crenças.

Nossos valores, como o nome já diz, são todas as coisas que valorizamos na vida (integridade, honestidade, amor...), e as crenças são as sustentações, as justificativas, os "porquês" que apoiam os valores.

Os valores vêm de sentimentos que valorizamos, como amor e felicidade, de princípios que temos, como honestidade e fidelidade, e algumas vezes de características que derivam em algum grau dos dois itens anteriores. O conjunto dos nossos valores e o nosso nível de alinhamento ou congruência com eles moldam grande parte da nossa identidade. Cada um de nós possui vários valores, sendo alguns principais, e outros secundários.

Os principais são aqueles que aplicamos em todas as direções de nossa vida, ou em quase todas, e os secundários são os que usamos para definir algum padrão em determinada área.

Por exemplo, amor e pontualidade. Para o João, o amor pode ser um valor que ele aplica em todas as direções da vida. Ele gosta de tratar bem a todos e de ser bem tratado, seja no trabalho, em casa, na rua ou em qualquer outro lugar. Já a pontualidade é mais importante no trabalho, para ajudar a garantir a produtividade do seu dia.

Além disso, o nível de alinhamento que temos com nossos valores é muito importante. Se digo, por exemplo, que valorizo honestidade e que este é um dos valores principais em minha vida, o que isso quer dizer? Existem várias pessoas que também valorizam honestidade. Isso que dizer que todas são iguais a mim?

Não. Cada valor possui vários níveis de compreensão. Vamos pensar no nosso valor exemplo, a honestidade. Antes de continuar lendo, pense no que significa honestidade para você. Pense da forma mais abrangente possível.

Honestidade para alguns é nunca roubar, para outros é nunca trair seu companheiro ou companheira, para outros é pagar todos os impostos, para outros é nunca mentir, e para outros são todos os itens anteriores e alguns outros que não pensamos aqui.

Somado a isso, temos o nível de alinhamento entre os nossos pensamentos, atitudes e palavras. Para estarmos realmente alinhados com um valor, esses três itens precisam dizer a mesma coisa.

Quantos de nós dizemos que somos honestos, que somos totalmente contra roubar, mas falsificamos a carteirinha para pagar meia-entrada no cinema, ou damos um jeito de não pagar um imposto qualquer? Qual o alinhamento entre esses três itens? Bem baixo. Nós dizemos uma coisa, pensamos outra e fazemos outra.

Quantos de nós dizemos que somos honestos/fiéis, que nunca traímos nem nunca vamos trair nossa esposa ou esposo? Mas quantos de nós pensamos em outra pessoa, por um instante que seja? Será que isso não é traição? Será que não é ser desonesto?

O que queremos dizer é que, para um único valor, existem várias formas de sua aplicação em nossas vidas. Por exemplo, se 100 pessoas dizem valorizar a honestidade, teremos, provavelmente, 100 níveis diferentes de aplicação da honestidade.

Quanto mais consciência temos dos nossos valores e quanto mais desenvolvemos os níveis de seu alcance, mais felizes nos tornamos. Isso acontece porque os valores são uma das bases da nossa identidade. Outra base são nossas crenças. As nossas crenças normalmente justificam nossos valores.

Por exemplo: Se um dos valores do João é a liberdade e perguntamos a ele por que isso é importante, sua resposta irá manifestar a sua crença. Ele poderia responder: "Não gosto de ter ninguém no meu pé. Consigo fazer muito melhor as coisas quando não há ninguém me dizendo o que fazer". Essa justificativa do João é a manifestação de sua crença. E essa crença do João é boa ou ruim? Depende. Precisamos levar em conta em que áreas de sua vida ele a manifesta, e os impactos que isso causa.

O mesmo acontece conosco. Uma crença só será boa ou ruim dependendo do tipo de limites e crescimento que ela nos proporciona. As crenças não são boas ou ruins necessariamente. A aplicação que fazemos é que as faz serem boas ou ruins.

Estamos cheios de crenças, assim como de valores. Cada vez que falamos, manifestamos nossas crenças. E, assim como os valores, quanto mais consciência temos de nossas crenças e quanto mais desenvolvemos os níveis de seu alcance, mais felizes nos tornamos.

Para melhorar a consciência sobre nossos valores e crenças, preencha a tabela adiante:

Valores	Meus Valores Principais (Do mais importante ao menos importante)	Por que esse valor é importante? Justificativa / Crença associada ao valor
1º		
2º		
3º		
4º		
5º		
6º		
7º		
8º		
9º		
10º		

Se for a primeira vez que pensa nisso e ficar complicado simplesmente colocar o que você valoriza em uma tabela, imagine a seguinte situação:

Foi encontrado um novo planeta no nosso sistema solar com todas as condições propícias à formação de vida como a conhecemos. Você foi escolhido para dar início a essa nova civilização e, para isso, deverá passar um tempo lá. Sua função não é popular/povoar o planeta, mas sim conhecê-lo e definir o conjunto de códigos e valores que serão importantes para os novos habitantes seguirem. Esses códigos e valores irão se transformar em mitologias, lendas e leis que darão a estrutura para essa nova civilização.

Para dar início ao seu trabalho, você precisa escolher cinco pessoas/seres/entidades (pode ser alguém que conhece, um personagem, Jesus, Buda, o Super-homem... quem quiser) que gostaria de levar com você. Para cada uma delas, você deverá definir quais os dois valores que ela representa e por quê estes valores são importantes.

Pense um pouco sobre a proposta e preencha a tabela a seguir. Mas lembre-se: podem ser quaisquer pessoas ou seres, até seu cachorro se quiser; o mais importante é por que as levaria e o que cada uma representa para você em termos de valor.

Pessoas escolhidas	Valores O que valorizo mais nesta pessoa?	Por que este valor é importante? Por que levaria esta pessoa?
1º		
2º		
3º		
4º		
5º		

Se preenchemos a tabela anterior com sinceridade, já teremos uma boa noção daquilo que é mais importante para nós. Não importando as crenças que já temos, podemos criar novas crenças a todo momento. Algumas dessas novas crenças podem entrar em conflito com as antigas em determinado setor da vida. Caso isso aconteça, vencerá a que estiver mais forte dentro de você naquele exato instante.

Como não podemos em um trabalho como este levantar a crença de todos os leitores e avaliar quais delas trazem algum tipo de limitação, abaixo darei exemplo de algumas crenças que nos ajudam a desenvolver nosso potencial.

> Preciso me adaptar a todas as pessoas sem deixar de ser aquilo que sou. Em outras palavras, precisamos ser como a água que desce a montanha. Não importa o tamanho do obstáculo que ela encontra pelo caminho, ela se adapta e o contorna quando necessário, continuando sempre o seu caminho de descida, sem deixar de ser o que é;

> Nem sempre podemos escolher o que nos acontece, mas podemos escolher a reação que teremos ao que nos acontece;

> Não existem fracassos, apenas aprendizados gerados pelas escolhas que fizemos. Não gostou do resultado? Mude as escolhas;

> Quero sempre melhorar;

> Não importa aonde já cheguei, mas para onde estou indo;

> O elogio dos amigos é um incentivo para que venha a me tornar aquilo que tenho consciência de que ainda não sou. (frase de Chico Xavier);

> Para escolher viver em um lugar tranquilo, primeiro tenho que escolher viver tranquilo em qualquer lugar;

> Nós podemos ir até o limite de nossos sonhos;

> Nós precisamos agir com todos da forma como gostaríamos que agissem conosco;

> O sucesso ou o fracasso começam por aquilo em que acreditamos. Quer ter sucesso na sua vida (independentemente do que sucesso signifique para você)? Comece a acreditar naquilo que o fará chegar lá.

"Grande parte de amar é se dar, compartilhar tudo o que sabe com alguém que queira aprender."

Frase (adaptado) do filme *Fernão Capelo Gaivota*

A Comunicação Integral

Uma das coisas mais importantes que fazemos no nosso dia a dia é nos comunicarmos. Estamos o tempo todo nos comunicando, seja com nós mesmos, com os outros, com a natureza, com Deus ou com tudo a nossa volta. Fazemos isso o tempo todo, mas grande parte de nós tem muito pouca consciência do que está por trás desse processo. Você já parou para pensar sobre isso? O que uma comunicação realmente significa?

No fundo, se pararmos para pensar, vamos perceber que a comunicação traça quase todas as diretrizes para a nossa vida. O que somos hoje, em grande parte, está relacionado à forma como escolhemos nos comunicar com nós mesmos e com tudo que está fora. Uma mulher casada, por exemplo, para chegar a esse ponto, conheceu muitas pessoas, se relacionou com algumas (namoro, amizade...) e escolheu uma dentre todas as outras para estar ao seu lado. Essa escolha foi baseada na comunicação. Desde a infância ela conviveu com várias pessoas, adquiriu valores, crenças, sentimentos e emoções, criou suas próprias necessidades internas e andou pelo mundo até que encontrou uma pessoa que atendia pelo menos os requisitos mínimos que buscava. E como ela adquiriu seus valores, crenças, sentimentos, emoções e necessidades? Comunicando-se com os outros e com ela própria. E como escolheu a pessoa com quem iria se casar? Comunicando-se com a pessoa e com ela mesma para descobrir se aquela era a pessoa com quem tinha mais conexão.

A mesma coisa vale para as outras direções da vida. A profissão que escolhemos, como chegamos a ela? Comunicando-nos, conversando com as pessoas, refletindo sobre aquilo de que gostávamos, trabalhando. Não foi assim? E se fizermos a mesma reflexão do exemplo anterior, vamos descobrir que o profissional que somos hoje começou a se formar quando éramos crianças, com todos os estímulos que recebemos o que nos ajudou a formar nossos valores, crenças, sentimentos, emoções e necessidades, ou seja, a origem de grande parte do que somos hoje é a comunicação que tivemos.

Já que a comunicação é tão importante em nossas vidas, acredito que valha a pena entendê-la ao máximo para escolhermos com mais consciência o que vamos fazer, o que vamos nos tornar, e também para diminuir a quantidade de erros que cometemos no caminho.

Quando três pessoas estão conversando, e uma delas fala, o que está sendo dito vai para a mente das outras duas, elas processam e emitem uma resposta para aquilo. A forma como cada um processa difere. A mensagem que chega é igual, mas o processamento é diferente. Por isso, as respostas geradas também serão diferentes.

Cada pessoa interpretará a mensagem que recebeu de acordo com seus filtros de percepção (crenças, valores, níveis de verdade relativa, experiências de vida, entre outras coisas) e irá gerar uma resposta baseada nisso. Para a mesma mensagem, teremos dois entendimentos diferentes. Se essa conversa continuar, a cada fala serão geradas interpretações diferentes para a mesma mensagem. Muitas vezes, a mensagem original vira outra coisa depois de tantas interpretações. Quantos mal-entendidos já vimos acontecer na vida?

Por isso é que às vezes falamos algo com uma intenção e o que recebemos em troca é uma resposta totalmente diferente da que esperávamos. Às vezes, por exemplo, dizemos algo para ajudar alguém, mas deixamos a pessoa chateada com o que falamos, ou então passamos uma tarefa para alguém no trabalho, e ela é executada de uma forma diferente da que queríamos. Será, neste último caso, que a responsabilidade é da pessoa que executou a tarefa ou é nossa? Em grande parte das vezes, pelo menos uma boa parte disso terá acontecido porque nós não fomos claros no que queríamos. Não claros para nós, pois isso fomos com certeza. Claros para o outro.

A comunicação parece uma coisa simples, mas acaba ficando complexa, pois depende muito das interpretações dos envolvidos.Quanto mais a pessoa que estiver comunicando conseguir reconhecer e operar a informação da forma mais parecida com a do outro, mais quem está recebendo a informação terá uma resposta parecida com a expectativa de quem está passando. Vamos aprofundar mais um pouco juntos?

O modelo a seguir começou a tomar forma quando assisti a um seminário intitulado *"Comunicação Não Violenta"*, do alemão *Sven Fröhlich-Archangelo*. Esse seminário foi muito importante para mim, pois me ajudou a pensar conscientemente sobre alguns processos por trás da comunicação. Juntando o que aprendi no seminário com algumas coisas que pensava sobre o assunto, cheguei ao modelo adiante:

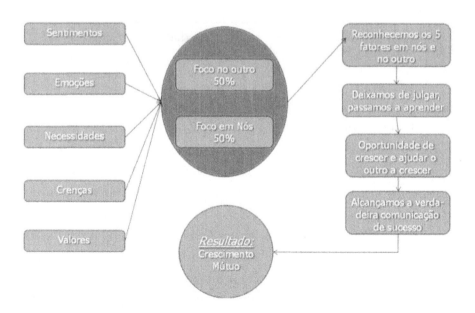

No modelo proposto, a comunicação contém cinco fatores: sentimentos, emoções, necessidades, crenças e valores. Esses fatores podem ser entendidos da seguinte forma:

Sentimentos

É um estado de espírito;

É permanente, ou seja, a partir do momento em que o alcançamos, estamos sempre neste estado interior, neste estado de ser;

Precisamos aprender a alcançá-lo.

Ex: amor, compaixão, felicidade, entre outros.

Emoções

É um estado transitório, às vezes estamos alegres, às vezes tristes;

Precisamos aprender a controlá-las.

Ex: alegria, tristeza, pena, raiva, ansiedade, entre outros.

Neste ponto vale uma diferenciação entre Sentimentos e Emoções. Sentimento, no meu ponto de vista, é algo permanente, como ser feliz. Quando alcançamos um estado de felicidade verdadeira, somos felizes não importando o que aconteça do lado de fora. Não importa se vai chover, se vai fazer sol, se vamos ter aquilo que queremos ou não, nós continuamos felizes. Para alcançarmos a felicidade, precisamos compreender a vida muito além do certo e errado, precisamos perceber que tudo tem um sentido, que todas as coisas tendem ao equilíbrio e que tudo que acontece conosco é um estímulo para chegarmos a esse equilíbrio.

Já a emoção é algo transitório. Ficamos alegres ou tristes de acordo com algo que nos acontece, mas isso passa com o tempo. Podemos ficar com raiva de algo que nos acontece, mas isso também passa.

O que precisamos começar a fazer é aprender a alcançar os sentimentos, como a felicidade, e a controlar as nossas emoções, como a raiva. Quanto mais alcançamos um sentimento, mais fortes e controlados ficamos emocionalmente e esse é o caminho para uma comunicação com o coração (uma comunicação preocupada com o bem de todos os envolvidos).

Uma vez escutei a seguinte frase: "A mente fala, mas não sabe. O coração sabe, mas não fala". Ainda não descobri quem foi seu autor, mas trata-se de uma frase que não me deixou.

O que precisamos aprender a fazer é deixar nosso coração guiar a nossa mente, assim, teremos uma comunicação integral, quando todos ganham.

Necessidades

Precisamos aprender a reconhecer nossas necessidades e as dos outros;

Normalmente, precisamos ser, fazer, ter algo ou dar algo.

Ex: ser amado, amar, realização, reconhecimento, crescimento, harmonia/equilíbrio, entre outras.

Crenças

Dá ou tira permissão para sermos, fazermos ou termos algo;

Precisamos aprender a reconhecer e transformar, quando for algo limitante.

Ex: Estar bem vestido é uma mostra da qualidade do profissional, além disso, se sair sem casaco vou pegar um resfriado.

"Pegando um dos nossos exemplos acima, se eu acreditar que saindo sem casaco vou pegar um resfriado, a chance de isso acontecer será bem maior. Aquilo que acreditamos, ou seja, as nossas crenças, trabalham, muitas vezes inconscientemente para tornar realidade aquilo que acreditamos."

Valores

Gera a motivação ou a desmotivação para alcançarmos algo;

Precisamos aprender a reconhecer e a usar a favor de todos.

Ex: honestidade, amor, disciplina, felicidade, entre outros.

"Quando valorizamos a honestidade, por exemplo, os nossos atos serão motivados e diretamente influenciados por isso. Se vou comprar uma coisa no mercado e a atendente me dá troco a mais, como a honestidade é importante para mim, vou devolver a diferença na hora."

Quando nos comunicamos, precisamos compartilhar o foco igualmente entre nós e os outros, ou seja, precisamos investir metade do tempo prestando atenção em nós mesmos e ter a outra metade focada nos outros, percebendo o máximo de informações relacionadas com os cinco itens antes descritos. Quando fazemos isso, começamos a reconhecer esses cinco fatores em nós e nos outros, e é essa a grande chave da comunicação. Quando sabemos que valores, crenças, sentimentos, emoções e necessidades estão por trás da comunicação para ambos os lados, e quando queremos o bem de todos, começamos a tirar um proveito verdadeiro da arte da comunicação. A partir desse momento, deixamos de julgar e passamos a aprender. A comunicação, o relacionamento consigo mesmo ou com o outro, passa a ser uma grande oportunidade de crescer e de colaborar no crescimento dos outros. É essa a verdadeira comunicação de sucesso, a comunicação integral, ou seja, aquela que se processa com um único objetivo: o crescimento mútuo.

Isso tudo também vale quando estamos nos comunicando com nós mesmos. Por exemplo, quando estamos refletindo sobre algo, se dividirmos nossa atenção entre aquilo de que precisamos, o que é melhor para nós e como isso afeta os outros, o que é melhor para os outros, reconhecendo esses cinco fatores, o resultado disso será uma decisão congruente, ou seja, alinhada com aquilo que você é, respeitando seus limites e os dos outros.

Sabe por que tudo isso funciona? Porque, no fundo, todos somos iguais, todos temos os mesmos critérios do que queremos dar e receber, todos temos as mesmas necessidades, todos consideramos os mesmos sentimentos importantes. A diferença entre cada um de nós é o grau e o nível de importância que damos a cada um desses itens. E isso depende da nossa cultura, das nossas crenças e dos nossos valores.

Quando eu disse anteriormente que o sentimento verdadeiro é mais difícil de ser alcançado, pode ter ficado a seguinte dúvida: se é difícil de ser alcançado, ou seja, se nem todas as pessoas ainda o alcançaram, como posso reconhecê-lo em toda a comunicação?

Na verdade, todos nós valorizamos os mesmos sentimentos (amor, felicidade, compaixão...); por isso, tendo ou não alcançado algum deles, a outra pessoa vai mostrar por palavras e atitudes se já o conseguiu, e, no caso negativo, qual o sentimento relacionado com o que ela está dizendo.

Por exemplo, se passo na rua e vejo uma criança catando lixo, posso me virar para meu colega ao lado e comentar: "Fico com pena quando vejo uma criança nessas condições. Isso me causa uma grande tristeza. Tenho vontade de ajudar, mas às vezes não consigo por ficar dessa forma".

O que podemos reconhecer nessa fala simples?

Ela mostra uma tendência para a compaixão (sentimento), mas também que a pena e tristeza (emoção) ainda falam mais alto, revelando que, nesse caso, tenho dificuldade de controlar minhas emoções, e é justamente isso de que preciso para alcançar o sentimento (compaixão) que está por trás.

Além disso, demonstro uma necessidade de ajudar as crianças e, ao mesmo tempo, fica claro que também existe uma crença que me limita e que não me permite fazer isso

Essa interpretação que dei foi baseada em uma única frase de exemplo. Se houvesse um contexto maior, poderia perceber outras coisas ou até mudar algumas percepções iniciais. Esse foi só um exemplo para mostrar, principalmente, que, apesar de não ter alcançado a compaixão, é esse o sentimento que está por trás. Quanto mais informações, melhor será nosso entendimento do outro ou da situação.

O CAMINHO DA COMUNICAÇÃO

Para aumentarmos o nosso campo de percepção da comunicação, precisamos aprender a observar mais antes de interpretar e de gerar nossas emoções e sentimentos. Aprendi esse processo conscientemente, no seminário do *Sven Fröhlich-Archangelo*.

Quanto mais observamos, mais fatos colhemos da situação, e contra fatos não há argumentos. Se começamos uma comunicação interpretando o que o outro está querendo, o risco de errarmos ou de dizermos algo que incomode o outro fica mais elevado. Se começarmos a comunicação manifestando nossas emoções, o risco de conflito aumenta muito.

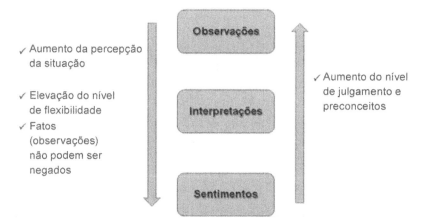

Quer se comunicar bem com todos? Então observe mais, extraia da situação o maior número de fatos que conseguir. Após fazer isso, comece a interpretar, fazendo-se as seguintes perguntas:

> Qual a intenção positiva da outra pessoa?

> Qual necessidade ela está querendo atender?

> Que emoções estão por trás da comunicação?
Essas emoções estão relacionadas com que tipo de sentimento?

Quando respondemos a essas perguntas, passamos a perceber o real motivo da comunicação. Percebendo isso, podemos realizar as nossas escolhas com muito mais clareza.

E qual escolha você fará?

Essa escolha é individual e dependerá do que cada um espera da vida. Minha escolha é sempre fazer o melhor. Criei uma crença muito forte dentro de mim que ajuda muito no meu intuito de fazer com que em uma comunicação todas as partes aprendam.

Essa crença é a seguinte: "Eu me adapto a todas as pessoas sem deixar de ser o que sou".

O que isso quer dizer?

Considero que a responsabilidade de entender o que a outra pessoa quer comunicar é minha, assim como tenho a responsabilidade de transmitir minha mensagem numa linguagem que o outro possa compreender. Isso quer dizer que, se estiver falando com um ateu, preciso usar argumentos que se adaptem às crenças dele. Se estiver falando com um espírita, ou evangélico, ou ainda alguém que é a favor do aborto, preciso me comunicar em um conjunto de crenças compatíveis com a dele. Isso não quer dizer que tenho que concordar com tudo. Apenas tenho que ajudá-lo a refletir a partir do seu ponto de referência, e não do meu.

Além disso, não perco de vista em nenhum momento quais são as minhas necessidades e os meus sentimentos (lembre-se, tenho que fazer isso sem deixar de ser quem sou).

O que fazemos normalmente é querer que o outro reflita sobre determinado fato a partir do nosso ponto de referência. Isso só vai funcionar se o ponto de referência do outro for próximo ao nosso ou se a outra pessoa for aberta a novas possibilidades, ou seja, se a outra pessoa não tiver uma crença limitante em relação a isso.

Essa forma é difícil de acontecer, pois a maioria de nós ainda tem tendência a se fechar quando somos contrariados.

Pense na última vez em que alguém disse algo contrário àquilo em que acredita. Você continuou ouvindo a pessoa ou negou mentalmente e começou a criar argumentos para isso?

Muitas vezes, é isso que fazemos. Precisamos aprender a argumentar a partir da referência do outro, e não da nossa.

Tudo isso requer muito treino. Quando vemos uma única foto, começamos a interpretar diretamente. Confundimos interpretação com observação. Experimente e veja se não é isso que acontece.

Sabe o que é mais interessante nisso tudo? Aparentemente, nós estamos nos submetendo à opinião do outro, mas na verdade o que acontece é bem diferente. Quando tomamos a responsabilidade da comunicação, quando fazemos tudo para atender às necessidades e sentimentos do outro sem deixar de atender às nossas, conseguimos um resultado fantástico. O outro começa a nos escutar com atenção. Ele percebe que nós queremos o crescimento dos dois.

Quando criamos esse vínculo positivo com a outra parte, todos ganham. A comunicação integral é exatamente isso: um processo onde só há vencedores, ninguém perde.

Imagine o quanto de crescimento nossos filhos poderão ter se aprenderem a se comunicar dessa forma desde pequenos. Imagine como seria um mundo onde todos só se comunicassem de forma integral, reconhecendo a si mesmos e aos outros. Seriam filhos incríveis, seria um mundo realmente magnífico.

Criar um mundo assim é sonho?

Talvez seja, mas um sonho só começa a se realizar quando começamos a fazer nossa parte. Esse é o meu sonho, e, para realizá-lo, aplico esses princípios todos os dias da minha vida. Se você compartilhar desse sonho, comece a fazer isso. Se cada vez mais pessoas o fizerem, tenho certeza de que esse sonho irá tornar-se real.

E quando esse sonho se realizar realmente, começaremos a viver de forma integral.

"Tire todo o lixo de sua mente... O lixo é qualquer coisa que mantém você afastado da única coisa que importa: este momento, aqui, agora."

Frase do filme *Poder Além da Vida*

Solucionando Conflitos

A solução dos conflitos que temos em nossa vidas, seja com outras pessoas ou com nós mesmos, começa pela mudança da linguagem.

Normalmente, dizemos que estamos com problemas que nos deixam mal ou causam mal-estar. E se, em vez de dizermos que estamos com problemas, disséssemos que temos alguns desafios que precisamos superar? Estamos com alguns desafios para os quais não encontramos a solução, mas vamos encontrá-la.

Em um primeiro contato, parece apenas uma mudança de palavra, mas vamos pensar no que está por trás dessas duas palavras.

Pense na palavra problema. O que vem a sua mente é positivo ou negativo? Dá vontade de encarar e resolver, ou deixar quieto como está enquanto não se agrava?

Agora pense na palavra desafio. Quando falamos desafio, dá vontade de encarar e vencer, ou de fugir?

Para a maioria das pessoas que inquiri a respeito, a palavra desafio por si só já causa uma motivação, pois remete nossa mente a algo que precisamos vencer porque vai valer a pena.

Levando essas coisas em consideração, será que é melhor chamarmos de problema ou desafio? Não sei quanto a vocês, mas eu escolho desafio, pois esta palavra por si só já me deixa motivado.

Pensem um pouco sobre isso, assim como em tudo que está escrito neste livro. Se servir, use para você. Se não servir, se achar que não será útil algum dia, deixe pra lá.

Continuando o nosso raciocínio, a solução já começou a aparecer pela simples forma de encararmos a situação com olhos e palavras diferentes. E, agora, o que podemos fazer para dar mais um passo?

A segunda coisa a fazermos é acreditar que quase tudo de que precisamos (se não tudo) para solucionar as questões que aparecem em nossas vidas está dentro de nós. Temos o caminho dentro de nós, só precisamos aprender a acessá-lo.

Já pensaram como nossas vidas mudariam se começássemos a ser guiados pelo que vem de dentro de nós, e não pelo que vem de fora? Quanto mais centrados em nós mesmos, quanto mais formos um observador de nós mesmos, assim como somos dos outros, mais rapidamente encontraremos as direções que precisamos seguir.

Como podemos buscar esses recursos dentro de nós? Uma forma é fazendo o exercício a seguir, que foi adaptado de alguns ensinamentos da PNL.

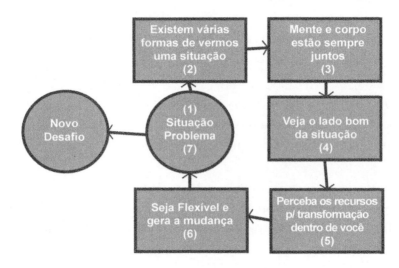

1. Sinta o problema ou situação, vivencie-o pela última vez, sinta e perceba cada detalhe dele com os olhos de quem vê por dentro;

2. Saia da situação e torne-se o observador. Observe-se de fora, perceba o cenário como um todo, visão generalista e não detalhista. Existem várias formas de vermos uma situação; perceba algumas delas;

3. Agora, una o que vivenciou e sentiu dentro de você, que no nosso exercício está representado pela situação 1, à visão do observador representada pela situação 2. Perceba que outras opções / reflexões vem na mente quando unimos esses dois pontos de vista;

4. Junte tudo que o você sentiu e percebeu nos itens 1, 2 e 3, e veja o lado bom dessa situação (de cada um dos participantes). Neste momento não temos mais problema, apenas um desafio para o qual você está encontrando a solução;

5. Está dentro de você tudo de que precisa para mudar. Perceba esses requisitos e pense sobre eles. Sinta-os presentes dentro de você;

6. Pense em um momento da sua vida que foi flexível, e em como se sentiu (o que mudou por dentro?). Lembre-se de que quando foi flexível também causou uma mudança positiva do lado de fora. Pense sobre ela;

7. Refaça mentalmente os passos anteriores, retorne ao problema que virou desafio e torne-o um desafio solucionado. Sinta a mudança, e quando estiver pronto, dê o primeiro passo para vencer o próximo desafio, pois a partir deste momento você aprendeu que problemas não existem. O que existem são desafios para os quais você irá encontrar uma solução.

Se o desafio a ser solucionado for muito profundo, repita esse exercício quantas vezes forem necessárias. A cada vez que repeti-lo, perceba novas perspectivas, novos pontos de vista que irão ajudá-lo a encontrar a melhor solução para ambos os lados.

Se você for fazer o exercício sozinho, sem ninguém o guiando, vá lendo cada um dos passos e vivenciando cada um o mais profundamente que conseguir. Se preferir, escolha espaços físicos diferentes para cada um. No início, isso ajuda a separar para depois integrar as vivências. O importante é fazer, praticar do jeito que puder. Outra forma de fazer é gravar a sua própria voz conduzindo cada um desses passos, com uma música de fundo e dando tempo entre os itens para você vivenciá-los quando os ouvir. Depois, ouça sua própria gravação e verá que o exercício ficará ainda mais profundo.

Outra forma de pensarmos no assunto é valorizando sempre as coisas boas que aconteceram na relação e, a partir delas, resolver o que precisa ser resolvido. Por exemplo, imagine que você é um terapeuta e recebe em seu consultório um casal que após muitos anos de relacionamento começa a enfrentar sérios problemas de conflito. Uma primeira atitude que você poderia ter seria pedir-lhes que dissessem o que os estava incomodando, o que um não gostava no outro, o que os levara a chegar a esse ponto. Talvez seja isso que o casal espere que você faça. E se, em vez de começar dessa forma, você perguntasse a eles como se conheceram? O que um mais gostara no outro à primeira vista? O que fizeram para conquistar um ao outro? Como fora a primeira vez que se beijaram e se abraçaram? Qual fora a coisa mais incrível que um fizera para o outro?

É bem provável que eles comecem a reviver, no tempo deles, todos os bons momentos que passaram. Fazendo isso, começarão a tranquilizar seus corações e perceberão quantas coisas boas tiveram juntos, e o quanto isso é muito mais importante do que qualquer desentendimento. Quando estiverem no auge desse momento, estarão muito mais flexíveis e buscarão encontrar uma solução e não mais defeitos, como até então. Experimente valorizar aquilo que você e os outros têm de melhor e colha os resultados.

Como diz a frase que inicia este capítulo: tire o lixo de sua mente. A maior parte daquilo que chamamos de problemas é resultado da quantidade de lixo que acumulamos na mente. Limpe a mente e viva o aqui e agora. No presente não há problemas. Os problemas estão no passado. Viva cada momento, valorize aquilo que todos têm de melhor e colha os frutos dessa escolha todos os dias.

"Semeia um pensamento e colherás uma ação; semeia uma ação e colherás um hábito; semeia um hábito e colherás um caráter; semeia um caráter e colherás um destino."

Thackeray

"Há uma grande diferença entre conhecer o caminho e percorrer o caminho."

Frase do filme *Matrix*

Mudando Nossos Comportamentos

Para mudarmos nossos comportamentos, a primeira coisa que precisamos fazer é entender como eles são criados dentro de nós.

Como criamos nossos comportamentos

Existe uma realidade externa que nos permeia. Nós estamos captando essa realidade o tempo todo através dos nossos cinco sentidos (audição, olfato, paladar, visão e audição) e também através do sexto sentido, a intuição.

Nosso inconsciente capta todas as informações que estão ali presentes, mas conscientemente conseguimos perceber apenas algumas. A quantidade de informações que conseguimos captar e processar conscientemente depende do nível de conhecimento, abertura, atenção e direcionamento que cada um possui.

É justamente nesse ponto que começam a se desenhar os comportamentos que temos no nosso dia a dia.

Vamos a um exemplo, para que fique mais simples:

Se nós estamos assistindo a uma palestra, captamos as informações que o palestrante está passando através dos nosso seis sentidos. Essas informações passam direto pelos filtros que cada um de nós possui. Esses filtros são nossas crenças, valores, memória e tudo aquilo que já passamos na vida e que contribuiu para formar a pessoa que somos. Além disso, geramos omissões, distorções e generalizações sobre aquilo que estamos captando. Depois de passar por todo esse processo, criamos uma representação interna do nosso entendimento sobre o que está sendo passado. Esta representação interna vai gerar um determinado estado dentro de nós que, no nosso exemplo, pode ser uma aprovação do que está sendo dito ou uma reprovação. Depois disso, começamos a manifestar nossos comportamentos. Se estamos gostando, podemos, por exemplo, fazer perguntas para aprender mais, elogiar o palestrante, o assunto. Se não estamos gostando, podemos ficar quietos, com cara de tédio, torcendo para acabar, podemos fazer perguntas com um teor crítico, sair da sala.

Qualquer um desses comportamentos que podemos vir a ter será reflexo da interpretação que fizemos do que estamos vendo como realidade externa.

Agora que conhecemos o processo, como podemos aprender com ele a direcionar nossos comportamentos de uma melhor forma?

A primeira coisa a fazer é estudar mais, ler mais, aumentar nosso conhecimento de mundo, de pessoas, de assuntos de que gostamos. Quando fazemos isso, aumentamos a riqueza das nossas representações internas, pois passamos a contar com mais recursos para captar conscientemente o que está acontecendo lá fora.

A segunda coisa é ampliar cada vez mais nossos valores, transformar nossas crenças limitantes e aprender a nos colocar no lugar do outro. Isso vai enriquecer ainda mais nossa capacidade de perceber a realidade, pois nos dará um leque muito maior para entendermos o que faz a situação que estamos presenciando acontecer do jeito que está acontecendo. Isso nos ajuda a ver e analisar sem julgar.

A terceira coisa a fazer é escolher nossos estados para podermos escolher nossos comportamentos. Este talvez seja o passo que deva ser mais rapidamente praticado, pois nos permite mudar nossos comportamentos, mesmo que ainda não saibamos o exato motivo disso.

Os dois primeiros passos são coisas que temos que fazer todos os dias para o resto de nossas vidas. Quanto mais fizermos isso, mais felizes ficaremos, pois estaremos aproximando cada vez mais a nossa realidade interna da realidade externa. Quanto mais isso acontece, mais compreenderemos o mundo a nossa volta, mais escolheremos de forma consciente que comportamentos devemos ter em cada situação e mais felizes seremos. Em outras palavras, o nosso nível de verdade relativa irá crescendo dia a dia.

Como esses dois primeiros passos são deveres de casa contínuos e que levam mais tempo para produzir um resultado (mais eficaz, no entanto, por ser mais consciente), vamos ver agora como podemos entender e praticar o terceiro.

Mudando nosso comportamento

Uma excelente forma de mudarmos nossos comportamentos é ensinada pela PNL (Programação Neurolinguística).

Nossa mente e nosso corpo são sistêmicos, ou seja, qualquer alteração em um dos dois provoca uma alteração no outro. Existem três fatores que nos permitem realizar mudanças dentro de nós: linguagem, expressão corporal (fisiologia) e estratégias mentais.

Neste exercício, usamos as três. Observe o desenho da página seguinte:

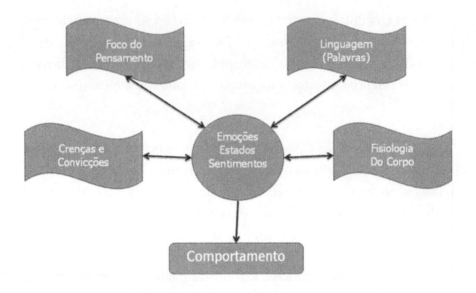

1. Neste momento, escolha um estado no qual gostaria de estar. Esse estado pode ser de felicidade, alegria, paz, equilíbrio, harmonia, bem-estar ou qualquer outro de sua preferência. Depois disso, siga os passos adiante:

2. Lembre um momento em sua vida em que se sentiu dessa forma. Se possível, lembre o momento mais marcante de sua vida que gerou esse estado que escolheu;

3. Imagine agora como se fosse vivenciar e lembrar esse momento, usando partes diferentes do seu cérebro para trazer essa sensação com sua força máxima. Se preferir, faça o exercício em pé, mudando de posição para cada parte dele;

4. Escolha um espaço no chão ou na sua mente onde irá relembrar como estava seu corpo naquele momento incrível. Lembre-se de como estava sua fisiologia, sua expressão corporal, traga para o seu corpo aqui e agora essa mesma expressão. Lembre-se onde você colocava as mãos, como estava a inclinação do seu corpo, a expressão de seu rosto e tudo aquilo

que conseguir lembrar. Quando estiver vivenciando seu corpo de forma plena como na experiência passada, mude de posição no chão ou acesse outra área do seu cérebro;

5. Agora, lembre-se de como era sua linguagem, o que você dizia para aqueles que estavam à volta, o que ouvia, como isso fazia você se sentir. Escute e recite mentalmente tudo aquilo agora, como se estivesse vivenciando aquela situação agora, ainda com mais intensidade. Quando sentir que essa sensação chegou ao máximo, troque de espaço novamente (mentalmente ou no chão);

6. Recorde agora de como estava o foco do seu pensamento. O que você estava pensando naquele momento que fortalece ainda mais o estado em que está se sentindo. De que forma esses pensamentos fortalecem ainda mais o estado em que você está agora? Traga tudo para esse momento. Quando o foco do seu pensamento estiver claro, escolha nova posição;

7. Em que você acreditava naquele momento que fazia com que essa experiência fosse ainda mais incrível? Quais eram suas crenças, seus valores que fortaleciam ainda mais aquele estado? Traga todas elas agora para este momento. Quando estiver pronto, escolha outro espaço;

8. Junte agora as quatro sensações que teve. Sinta, ouça e veja seu corpo na expressão daquele momento, ouça tudo o que ouvia, fale mentalmente tudo que falava, traga o foco do seu pensamento e lembre-se de tudo que acredita fazer com que esse momento seja ainda mais forte. Quando estiver se sentindo no estado que escolheu estar, dê um passo à frente, levando com você toda essa sensação para os desafios que precisa enfrentar agora.

Como se sente agora? Com a mesma vibração daquele momento marcante que lembrou?

Esse exercício nos permite estar no estado que escolhemos estar. Quando estivermos nesse estado, nossos comportamentos serão condizentes com ele. Por exemplo: quando você está em um momento muito feliz e tranquilo da sua vida, como é o nível de tolerância que tem com as outras pessoas, maior ou menor? Qual o poder de uma situação externa desfazer aquilo que está sentindo?

E se você estiver em um dia difícil e estressante e de repente alguém o fechar no trânsito, qual seria sua reação, boa ou ruim?

O que nos faz agir da forma que agimos?

É o estado em que nos encontramos. Por isso, se quer ter mais controle sobre seus comportamentos, comece controlando seus estados.

Com o tempo, todo esse processo descrito até aqui fica automático e, além de conseguirmos fazer isso rapidamente conosco, conseguimos fazer também com os outros sem precisar dizer o que estamos fazendo. E qual é o resultado disso tudo? Relacionamentos mais saudáveis.

Use muito esse exercício e dedique-se mais ainda a desenvolver os dois primeiros passos, pois eles nos permitem ter uma estrutura muito mais robusta, pronta para enfrentar qualquer coisa que possa acontecer.

Mudar apenas o comportamento não cria uma mudança definitiva dentro de nós. Para que isso aconteça, temos que mudar os significados das coisas, nossas crenças e valores. Os dois primeiros passos tratam exatamente disso, e é algo que temos que fazer constantemente.

Lembre-se do bambu chinês: ele cresceu por dentro nos primeiros cinco anos. Suas raízes cresceram para permitir que ele se tornasse forte o suficiente para ir até o céu, e flexível o suficiente para se dobrar até a terra sem quebrar.

Use esse exercício que nos permite contornar nossos comportamentos. Mas o mais importante de tudo: seja como o bambu chinês, use os dois primeiros passos para criar todas as raízes de que precisará para ir até o céu e se curvar até a terra sem quebrar em todas as áreas de sua vida.

"O que vale na vida não é o ponto de partida e sim a caminhada. Caminhando e semeando, no fim terás o que colher."

Cora Coralina

A Importância dos Significados

Para que ocorra uma mudança efetiva em nossas vidas, precisamos mudar os significados que estão atrelados a essa questão; não é suficiente mudar apenas os comportamentos.

Normalmente, procuramos mudar o comportamento. Quando isso acontece, temos um resultado superficial, mas a transformação profunda não acontece. Sabe o que isso significa? Se algum dia nos depararmos com uma situação em que seja necessário usar as mesmas bases, estas podem não estar sólidas o suficiente para aguentar o tranco.

Precisamos mudar aquilo que tem significado de dor ou de limitação para um significado de prazer ou de crescimento. Quando não atuamos diretamente no significado, não anulamos o sofrimento / limitação dentro de nós.

Para ficar mais claro, vamos dar um exemplo: se determinada criança presenciou muitas desavenças entre os pais, conviveu com muitas brigas, com falta de respeito na família, gerando um sofrimento muito grande na sua infância, é possível que essa criança associe um significado de dor à instituição família. Quando ela chega à fase adulta, pode gerar comportamentos contrários à formação de uma família. Ela pode, por exemplo, viver "fugindo" de relacionamentos sérios, colocando sempre empecilhos ou achando problemas (desculpas) para não ir além de um determinado ponto.

Essa pessoa pode, conversando com amigos, observando a si própria ou de outra forma, perceber isso e trabalhar para mudar seu comportamento. Mudando seu comportamento de colocar empecilhos ou de achar problemas, pode começar a ter bons resultados, passando do ponto onde normalmente seus relacionamentos terminavam. Vamos imaginar que essa pessoa, feliz por essa "mudança", resolva casar e formar sua família.

O que acontecerá quando enfrentar uma situação de desafio real que lembre sua infância?

A possibilidade de isso trazer à tona todos os comportamentos anteriores é muito grande. Isso pode acontecer de uma forma mais intensa, já que essa pessoa já deu um passo a mais: casou.

O risco de esse indivíduo tornar-se um ser humano infeliz e com muitos conflitos é grande, mas agora seus conflitos vão se propagar para os que estão por perto, como sua esposa e filhos. Isso pode resultar em separação e o retorno para o mesmo ponto, ou em uma vida familiar exatamente como a que tinha quando criança.

E se essa pessoa, lá atrás, tivesse reconhecido o significado que deu para o quesito família, tivesse percebido os motivos de isso ter acontecido e houvesse mudado o significado de dor para o de crescimento e aprendizado, gerando ao invés da negação, um grande estímulo de formar uma família muito melhor do que aquela. Será que hoje ela não seria muito mais forte, com uma possibilidade muito maior de formar uma família feliz? Será que sua estrutura interna não seria mais robusta para vencer qualquer contratempo?

Vale ressaltar uma coisa: quando dizemos voltar lá atrás e mudar o significado, isso não quer dizer ir à infância e ficar se lembrando do momento doloroso até conseguir superá-lo. Quer dizer usar os acontecimentos pequenos do dia a dia para perceber que quem escolhe o tipo de família que vai formar e o quanto essa família será feliz é a própria pessoa.

Imaginem que essa pessoa tivesse um cachorro, este fosse muito carinhoso e a ligação entre eles fosse muito forte e positiva. Esse tipo de situação poderia ter sido usado para mostrar a capacidade que a pessoa tem de criar uma família feliz. A pessoa poderia perceber o quanto depende dela a relação que irá criar; percebendo isso, a consequência natural seria o significado de família ir mudando passo a passo sem ser preciso remoer o passado.

A vida nos dá várias oportunidades diárias de mudar os significados negativos que algumas coisas têm para nós. O nosso dia a dia é repleto de exemplos contrários aos significados negativos que colocamos nas coisas, como o exemplo anterior, da pessoa com seu cachorro. Sabe a única coisa que precisamos fazer? É querer ver, é querer, de verdade, melhorar. Quando buscamos isso, a vida dá um jeito de nos mostrar esses exemplos transformadores que estão a nossa volta, mas não os estamos vendo ainda. A vida faz isso através de um amigo, de um filme, uma situação qualquer, uma música...

Se estivermos realmente buscando esses significados mais positivos, iremos alcançá-los. A grande pergunta que temos que nos fazer é: realmente queremos melhorar? Se sua resposta for sim, talvez esta leitura já seja o primeiro passo...

Mais sobre mudanças

No atual estágio de desenvolvimento em que nos encontramos, a maioria das mudanças significativas que ocorrem em nossas vidas vem estimulada por um atrito que praticamente nos empurra para fora da nossa zona de conforto. Em outras palavras, muitas dessas mudanças acontecem em companhia da dor, que é uma das maiores forças capazes de gerar a mudança. Essa dor causa um desconforto tão grande que somos obrigados a fazer algo para fazê-la cessar.

Talvez seja por esse motivo que os hospitais estejam cheios, o número de pessoas com câncer ou outras doenças do gênero aumente, aviões caiam, desastres aconteçam. Ligamos a televisão no noticiário, e o que mais ouvimos são coisas ligadas ao sofrimento. Talvez isso tudo aconteça porque estamos em um estágio que precisa muito ser mudado para sermos realmente felizes. E, já que essa é a forma como mais "gostamos" de aprender, o nosso amigo Deus nos ajuda colocando esses desafios em nossas vidas.

Mas sabe o que deve ser mais difícil para Ele? Dar-nos tantas chances de aprendermos pelo nosso próprio esforço, e nós não as utilizarmos. Continuamos preferindo o atrito para gerar a mudança. Nós temos a capacidade de sabotar nossa própria felicidade.

Vamos combinar uma coisa: a partir de hoje, vamos nos esforçar juntos para mudarmos aquilo que precisamos mudar, uma coisa por vez, mas sem sofrimento ou pelo menos com o mínimo de sofrimento e pela nossa própria vontade. Vamos fazer isso?

Para seguir esse caminho, precisamos saber algumas coisas importantes que nos ajudam nesse processo de mudança. **As primeiras coisas importantes em que precisamos acreditar para mudar (uma contribuição da Programação Neurolinguística - PNL) são:**

> A mudança é possível;

> Eu quero mudar;

> Eu mereço essa mudança.

Acredite firmemente nesses três pontos, e grande parte das bases necessárias a um processo de mudança já estará garantida.

Vamos imaginar que você queira parar de fumar. Para ter certeza de que você está pronto para encarar esse processo, responda as três perguntas que se seguem:

É possível parar de fumar?

É possível. Várias pessoas já conseguiram. Algumas por conta própria, baseadas apenas na sua força de vontade, outras com o auxílio de um especialista.

Você quer realmente parar de fumar?

Se você não quiser de verdade, pode parar por aqui. Se quem quer que você pare são seus amigos, sua família, seu médico, pode ter certeza de que não vai conseguir. Se esse querer verdadeiro não for seu, nem comece. Assim, evitará uma frustração.

Você merece parar de fumar?

Se você acredita que merece, que parando de fumar terá uma vida mais saudável ao lado de sua família, uma vida mais longa, e se respondeu positivamente às duas perguntas anteriores, então está pronto para o processo de mudança.

A questão agora é: que tipos de mudanças?

Já dissemos anteriormente que, para uma mudança ser efetiva, precisamos transformar o significado, e não somente o comportamento.

Então, utilizando nosso exemplo do fumo, vamos modificar somente o comportamento ou olhar para dentro de nós e ver o que aquele hábito realmente alimenta dentro de nós? Vamos dizer que toda vez que ficamos ansiosos tendemos a fumar. Se nós mudarmos o comportamento, ou seja, pararmos de fumar, não teremos mais esse hábito dentro de nós, mas continuaremos com a ansiedade. Será que essa ansiedade não vai encontrar outra válvula de escape?

E se olharmos diretamente para nossa ansiedade? Talvez possamos perceber qual a sua causa. Podemos perceber que o que causa nossa ansiedade é estarmos sempre preocupados com o que vai acontecer amanhã, que reação alguém vai ter, se nossos filhos estão bem, se vou conseguir resolver essa questão, entre tantas outras. Podemos perceber que estamos ansiosos, pois vivemos a maior parte do tempo no futuro, e não no presente. Ficamos preocupados com o que vai acontecer depois e deixamos de viver este momento.

E se trabalharmos isso? E se começarmos a entender o que nos faz sair do presente o tempo todo? E se, passo a passo, formos praticando exercícios como Ioga, Tai Chi Chuan e Meditação para trabalhar cada vez mais este estado presente, será que conseguiremos vencer a ansiedade? Provavelmente sim.

Acabando com a ansiedade dentro de nós, vamos conseguir parar de fumar? Se a ansiedade realmente era a causa do fumo, não só vamos conseguir parar de fumar, como vamos eliminar vários outros hábitos diretamente ligados a nossa ansiedade que talvez nem tenhamos percebido antes, como roer as unhas, brigar com nossos filhos por não saber onde eles estão, atropelar os nosso sonhos por querer que eles se realizem logo, no nosso tempo, entre tantas outras manifestações que poderiam ser consequências da ansiedade.

E aí, que tipo de mudanças vamos fazer: mudanças no comportamento ou no significado?

É claro que fazer uma mudança no significado é mais trabalhoso, pois o nosso esforço e atenção precisarão ser maiores, mas em compensação é bem provável que a mudança em um significado gere uma mudança em muitos comportamentos. E então, vale a pena ou não?

Que tipo de mudanças estamos dispostos a fazer? Vamos refazer a estrada ou tapar os buracos criados pelo intenso fluxo de veículos?

Qual a diferença?

Quando tapamos um buraco, um ou dois caminhões pesados são suficientes para criar um buraco maior ainda. Quando refazemos a estrada, temos a garantia de que ela continuará em perfeita condições por anos.

E quanto a nós? Vamos tapar os buracos que criamos em nós ou vamos construir uma nova pessoa mais forte, mais resistente, mais capaz de fazer com que muitos sonhos, alguns que nem tivemos ainda, se realizem?

Sabe o que é melhor nisso tudo?

É que a escolha é sempre nossa... E a sua, qual será?

"Não espere por uma crise para descobrir o que é importante em sua vida."

Platão

Os Pilares do Eu

Pensar fora da caixa. Essa é uma frase muito usada no mundo dos negócios. Mas o que isso realmente significa?

Podemos fazer uma simplificação resumindo em três coisas que dizem quem somos e como nos comportamos: crenças, valores e estrutura do pensamento. Cada um de nós, em cada momento da vida, é direcionado por essas três coisas. Quando acontece uma mudança em nossa vidas, por exemplo, pelo menos uma destas três coisas muda. Na verdade, elas estão o tempo todo se transformando, e muitas vezes de uma forma tão sutil, que nem percebemos. "Pensar fora da caixa" significa quebrar pelo menos uma parte de um desses três fatores.

Estes são os pilares que sustentam o nosso ser. Crescer, aprender, evoluir, quebrar paradigmas significam mexer, transformar, ajustar ou modificar algo em nossas crenças, em nossos valores e na estrutura de nosso pensamento.

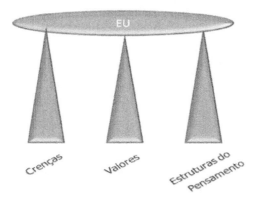

Já falamos das crenças e valores. Falta falar das estruturas do pensamento. Pensar nas estruturas é pensar em como pensamos. Como nossos pensamentos estão organizados, como reagimos quando algo acontece, como interagimos com o mundo, como vemos o mundo e como usamos nossas crenças e valores.

Quando temos que tomar uma decisão, o que nos influencia mais: o que sentimos e acreditamos dentro de nós ou o que as pessoas falam? Quando olhamos para um cenário ou situação qualquer, vemos primeiro o que está diferente ou o que é igual? Vemos o copo meio cheio ou meio vazio? Temos preferência por implementar algo ou por planejar? Responder a essas perguntas significa aprender sobre como pensamos, sobre como são as estruturas do nosso pensamento.

Essas estruturas mudam o tempo todo. Basta vermos uma nova forma de fazer alguma coisa ou ouvir um ponto de vista diferente sobre algo para alterarmos um detalhe em nossa forma de pensar. De detalhe em detalhe, vamos mudando muitas coisas sem o perceber conscientemente. Outro cenário que acontece às vezes é quando recebemos um grande impacto emocional que mexe fortemente não só com as estruturas do pensamento, mas também com as crenças e valores e nos transformam em uma pessoa nova, em um novo Eu. Já ouviu falar na história de alguém que sofreu um acidente grave ou passou por uma doença muito difícil e que, depois de superar essa fase, tornou-se outra pessoa, com novos hábitos, novas atitudes e novos pensamentos? Esses são exemplos desse cenário.

Durante a vida, transformamos muitas vezes esses três pilares. Assim como nossas células e nosso corpo se regeneram e se transformam várias vezes durante a vida, nossos pilares internos e subjetivos também o fazem.

Quebrar paradigmas nada mais é do que mexer nesses pilares para ampliá-los. Quanto mais os ampliamos e os fortalecemos, mais fortes se tornam as bases que criamos para construir nossos sonhos.

O maior arranha-céu do mundo precisa ter também a base mais sólida e resistente do mundo. Caso contrário, cairá. E sabe o que é ainda mais importante nisso tudo? Quanto maior o arranha-céu, maior o estrago que ele fará se cair.

O mesmo acontece conosco: quanto mais construímos em bases falsas, maior será a destruição causada quando tudo isso desmoronar. E, acredite, aquilo que não é construído em uma base sólida o suficiente para suportar seu tamanho cairá um dia, mais cedo ou mais tarde.

Se você tem sonhos grandes, precisa construir bases fortes, precisa fortalecer e ampliar esses pilares, lembrando sempre que forte não quer dizer rígido.

Lembre-se do bambu chinês.

Trabalhe todos os dias para ampliar suas crenças, valores e estruturas de pensamento. Quanto mais fortes, profundos e verdadeiros forem, maior será sua capacidade de realização nesta vida.

Estude, converse com as pessoas, preste atenção a sua volta, perceba o que faz as pessoas pensarem de forma diferente de você, esteja aberto para aprender algo com todos, tenha certeza de que todos podem lhe ensinar algo importante. Vá aprendendo isso tudo diariamente e tenha certeza de que seus pilares estão se fortalecendo.

Se quer realizar algo grandioso, precisa se tornar alguém grandioso, não por fora, mas por dentro. Essas bases são construídas dentro de nós. Ninguém as vê com os sentidos do corpo. Quando passamos na rua, não vemos o quanto são desenvolvidos os pilares das pessoas que estão cruzando nosso caminho. Aquilo que é realizado do lado de fora precisa primeiro ser realizado do lado de dentro.

Construa as bases na profundidade que seu coração lhe pedir e estará pronto para realizar tudo que veio aqui realizar.

Os grandes feitos que vemos no mundo foram feitos por pessoas que trabalharam imensamente dentro de si mesmas para desenvolver a estrutura interna necessária para o tamanho de suas realizações.

Mestre Jesus, por exemplo, ficou 30 anos se preparando para cumprir sua missão nos últimos três anos de vida. Será que Ele teria alcançado seu objetivo se realmente não tivesse se preparado para isso? Será que sua mensagem seria tão forte ainda nos dias de hoje se Ele não tivesse construído essa força interior em primeiro lugar?

Outro exemplo é Buda. Foram anos de preparação e desafios para encontrar seu caminho e seguir por ele sem hesitar. E o resultado disso? Outra história, outra filosofia de vida, que é conhecida e praticada hoje por milhares de pessoas.

Todas as grandes conquistas começam com o primeiro passo.

Dê esse passo dentro de você, comece a ampliar a estrutura do seu Eu. Comece a desenvolver cada dia mais a si mesmo, sempre levando em consideração os quatro itens que já mencionamos: corpo, mente, coração e espírito. Desenvolver e trabalhar esses quatro itens significa desenvolver e trabalhar nossas crenças, valores e a estrutura do nosso pensamento.

Quanto mais profundamente conseguirmos ir dentro de nós, mais profundamente conseguiremos ir fora.

Se ainda não começou, comece agora. Comece a caminhada para suas grandes conquistas, lembrando sempre que aquilo que chamamos grandes conquistas são as coisas que realmente são importantes para você, e não para o mundo.

Quanto mais ampliamos nosso Eu, mais ampliamos nossa felicidade.

"O oponente dentro da cabeça de alguém é mais extraordinário do que aquele do outro lado da rede."

Timothy Gallwey

"Quando recebemos certas 'pancadas' da vida que nos tiram o chão, passamos a ter duas opções: ou caímos para aprender a levantar ou aprendemos a voar. Quando fiquei sem chão, escolhi a segunda opção por dois motivos: quem cai se machuca. Não é isso que quero mais. E a segunda é porque, se aprendo a voar, ficar sem chão deixa de ser um problema."

Marcelo Felippe

Desafios

Em qualquer coisa que façamos, nosso maior adversário somos nós mesmos. Nós mesmos nos sabotamos de diversas formas: não acreditando em nós, não fazendo algo que sabemos que temos que fazer, adiando algo importante para nós, empurrando com a barriga velhos hábitos enquanto eles não geram problemas graves, entre tantas outras coisas.

Pensando nisso tudo, este capítulo tratará de desafios. Não vamos ficar aqui falando de desafios, vamos sim lançar alguns desafios simples. Todos irão nos ajudar a transformar pequenas coisas dentro de nós, pequenos hábitos, pequenos pensamentos e até pequenos comportamentos. E por que transformarmos pequenas coisas se muitos podem ter grandes problemas para resolver?

Porque a complexidade é feita da união de elementos simples. Se trabalharmos os elementos simples, no final conseguiremos resolver grandes desafios.

Desafio I – Transformando pensamentos

Vamos ao primeiro desafio...

Quando estiver sozinho caminhando na rua, na praia, utilizando algum tipo de transporte público (metrô, ônibus...) ou em qualquer outro cenário a que isso se aplique, comece a fazer o seguinte:

Observe as pessoas à volta. Tente perceber o que cada uma precisa, sem julgamentos. Alguns exemplos: a pessoa A parece estar irritada. A pessoa B é um mendigo dormindo na rua. A pessoa C está de terno e gravata ofendendo a atendente de uma lanchonete por algo de que ela não foi culpada. A pessoa D é um colega de trabalho com quem não temos muito contato, mas sabemos estar passando por problemas pessoais.

Depois de identificar isso, se acreditar em Deus, independentemente de qual seja a sua religião, faça uma oração rápida e sincera pedindo que aquela pessoa receba a ajuda de que necessita para crescer. Se não acredita, envie um pensamento positivo de estímulo (tudo isso mentalmente, ninguém precisa saber o que você está fazendo).

Continuando com nossos exemplos, vamos sugerir algumas mensagens mentais que poderíamos enviar:

Pessoa A – "Papai do céu, ilumine aquele amigo para que ele possa acalmar seu coração, para que não desconte nos outros a irritação que possa estar experimentando, para que possa recuperar a serenidade de forma a tratar melhor a si mesmo e aos que estão à sua volta."

Pessoa B – "Amigo, não desista. Levante, esforce-se para melhorar todos os dias. Acredite em si mesmo. Tenho certeza de que consegue muito mais do que isso nesta vida. Faça a sua parte, tenho certeza de que vai melhorar. Vou torcer por você."

Pessoa C – "Meu amigo, respeite a nossa amiga. Ela não tem culpa do que aconteceu. Trate-a como gostaria de ser tratado se estivesse no lugar dela. Ela deve precisar muito desse emprego e você pode estar colocando-o em risco por tão pouco. Vamos, sei que consegue tratá-la com muito mais carinho."

Pessoa D – Amigo Jesus, ilumine o coração do nosso amigo para que ele encontre a força necessária para superar os desafios que está enfrentando em sua vida. Mais do que isso, ensine-o a aprender o máximo com todos esses acontecimentos, para que ele possa vencer tudo isso e sair ainda mais forte."

Entenderam o desafio?

Resumindo: vamos observar as pessoas ao redor, principalmente quando estivermos sozinhos, procurar identificar a sua necessidade e mandar uma mensagem mental positiva de incentivo.

Uma coisa muito importante neste exercício é evitar julgamento quanto aos motivos de a pessoa estar naquela situação. Apenas perceba algo de que ela precise para evoluir e mande uma mensagem positiva.

O objetivo principal desse exercício é condicionarmos nossa mente para olharmos as pessoas a nossa volta, identificarmos o que pode ser melhorado e pensarmos na solução. A ideia é percebermos que todos possuem coisas boas, e que é nisso que precisamos focar. Quando focamos nas coisas positivas, as negativas atrofiam por falta de atenção. Quando começamos a fazer isso para os outros, começamos a fazer o mesmo para nós mesmos.

Essa é uma excelente forma de perdermos a tendência que podemos ter de criticar os outros, de ver mais defeitos do que qualidades.

Experimente fazer esse exercício. É simples e ninguém precisa saber que o está fazendo. Faça e perceba que, após algum tempo de prática, apesar de não saberem o que está fazendo, as pessoas à volta irão perceber alguma mudança em você. Elas perceberão um foco maior no positivo.

Desafio II – Mudando as formas de agir, reagir e pensar

Eis o segundo desafio...

Todos nós temos algumas coisas que gostaríamos de modificar em nós: um comportamento, a forma como reagimos a algo, a forma como agimos em determinada situação e até a nossa forma de pensar quando algo específico acontece (ex: algo que acontece e tira nossa paciência).

Muitas vezes, quando aquilo que queremos mudar acontece, ficamos nos criticando, reclamando de nós mesmos e arcando com as consequências dos nossos atos.

Nesse processo acontecem três coisas: primeiro "erramos", depois nos cobramos pelo erro cometido e por último sofremos a consequência do ato (quando houver). Se prestarmos atenção no processo, perceberemos que em nenhum momento acontece algo que nos ajude a transformar aquela situação.

A partir de agora, quando uma situação desse tipo acontecer, vamos fazer de outra forma: quando fizermos o que não gostaríamos de fazer ou pensarmos da forma que não gostaríamos de pensar, em vez de nos criticar, vamos reconstruir a cena:

1. Vamos lembrar o que aconteceu com todos os detalhes possíveis: o que falamos, o que os outros falaram, o que desencadeou nosso comportamento/pensamento, quais as pessoas envolvidas... vamos nos lembrar de tudo somente no pensamento, sem envolver a emoção.

2. Depois que fizermos isso, vamos reconstruí-la mentalmente da forma como gostaríamos que tivesse acontecido (com o comportamento/pensamento corrigido), com todos os detalhes possíveis.

3. Feito isso, certifique-se de que esteja em um lugar onde possa focar toda a sua concentração nesse processo e passe pelo menos três vezes a situação na sua mente da forma como gostaria que tivesse ocorrido (lembrando sempre de colocar o máximo de detalhes possível), usando todos os sentidos possíveis, ou seja, vendo, ouvindo e sentindo toda a situação. Lembre-se, este novo cenário tem que ser bom para todos os envolvidos.

Essa estratégia mental não irá nos poupar de sofrermos as consequências do que fizemos ou pensamos, mas irá nos ajudar a condicionar nossa mente e consequentemente nosso corpo a adotar uma nova forma de agir/pensar. Com o tempo, iremos nos modificando até chegar a um ponto no qual o velho hábito não mais existirá.

Para entendermos melhor, imagine que estamos acostumados a ir de um ponto A para um ponto B e que o caminho que percorremos é um gramado como na figura a seguir:

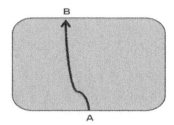

Com o tempo, de tanto passarmos pelo mesmo caminho, este fica sem grama (pintado de preto no nosso exemplo). Agora, queremos adotar um outro caminho para chegar ao mesmo ponto. Conforme começamos a adotar esse novo caminho, ele começa a se formar no gramado, como adiante:

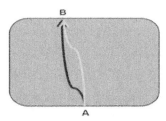

Reparem que o caminho antigo continua marcado no gramado, mas, se começarmos a usar somente o novo caminho, o caminho antigo vai, com o tempo, desaparecendo, até que só restará o novo caminho, como demonstrado nas duas figuras que se seguem:

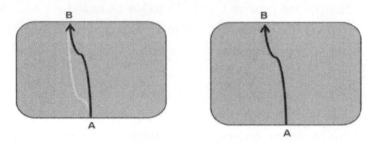

No nosso exemplo, o gramado é a nossa mente. Quanto mais usarmos uma forma de fazer as coisas, mais ela ficará enraizada dentro de nós. Se ficarmos reclamando ou criticando essa forma para nós mesmos, no fundo estamos percorrendo o mesmo caminho e tornando-a ainda mais forte. Se, em vez de resistirmos a ela, começarmos a traçar um novo caminho, uma nova forma de fazer as coisas, mais iremos ensinando a nossa mente que existe uma outra opção, um outro tipo de resposta para a mesma situação. Com o tempo, vamos reforçando essa nova forma pela repetição mental até que ela se torne mais forte que a anterior, chegando, depois de mais algum tempo, a abandoná-la de vez.

Já foi comprovado cientificamente que o nosso cérebro não distingue entre estarmos realizando uma tarefa realmente e estarmos apenas imaginando sua realização. Por isso, propomos esse exercício. Quanto mais o fizermos mentalmente, mais iremos mostrando novos caminhos para o nosso cérebro, até já estarmos realmente optando por esses.

Qual o tempo necessário para que isso aconteça?

Depende. Durante quanto tempo você usou o mesmo caminho? Com que frequência está desenhando e enfatizando o novo caminho escolhido para seu cérebro?

A resposta a essas duas perguntas dirá em quanto tempo você estará praticando a nova opção. De qualquer forma, o mais importante não é em quanto tempo conseguirá isso, mas sim que você já fez a sua escolha de mudar algo que não serve mais.

Quando decidimos mudar um hábito, até que se convença do novo caminho, nossa mente nos conduzirá a situações que nos façam desistir da mudança, mas como uma forma de defesa, pois, para a mente, o caminho a que ela está acostumada é aquele que nos faz bem. O desconhecido assusta...

Seja firme na sua decisão e na nova prática, que a mente entenderá ser o novo caminho que fará bem a você agora.

Desafio III – Faça alguma coisa boa fora da sua rotina

Vamos ao último desafio deste capítulo.

Faça todos os dias algo que não costuma fazer com muita frequência e que faça bem a você e a todos os envolvidos. Algo simples que leve pouco tempo (ou muito tempo se preferir), e que gere um ótimo resultado.

Vamos ver alguns exemplos para ilustrar nosso terceiro desafio:

> Dê um telefonema para um amigo que não vê há muito tempo, para saber como ele está;

> Envie um e-mail para um amigo restabelecendo o contato, perguntando como ele vai e quando vão se encontrar novamente;

> Dê um bom-dia/boa-tarde/boa-noite para as pessoas que entrarem no elevador com você no prédio onde mora (caso more em um prédio);

> Se você mora ou trabalha em um prédio, cumprimente os porteiros, faxineiros, seguranças e demais pessoas que trabalhem lá quando cruzar com elas;

> Se estiver no metrô, ônibus ou trem, ceda o lugar para alguém que precise sentar mais do que você, ou se ofereça a levar a bolsa pesada de alguém que esteja em pé;

> Dê um presente fora de época para uma pessoa que ame, para mostrar o quanto pensa nela. O presente pode ser uma mensagem, um cartão ou um presente mesmo;

> Se você é casado e sua esposa fica responsável pela maioria das tarefas de casa, ofereça-se para ajudar lavando a louça, varrendo a casa ou da forma que for mais útil;

> Deixe, todos os dias, as pessoas que ama com palavras e atitudes amorosas (um abraço, um beijo, um carinho, um olhar);

> Tire sorrisos sinceros das pessoas que cruzam seu caminho sem ter que recorrer a alguma piada pejorativa ou ter que falar mal de alguém;

> Doe mantimentos para alguém que precise;

> Ajude alguém a estudar e aprender algo importante;

> Use sua criatividade, escute seu coração, e terá um sem-número de opções de boas e simples ações por dia. Faça diariamente pelo menos algo diferente, e sinta o bem que coisas simples (como as enumeradas acima) trarão à sua vida.

Lançamos apenas três desafios simples que podem e vão começar a fazer a diferença em sua vida. Permita-se experimentar, faça e veja como pequenas mudanças resolvem grandes questões em nossas vidas. Esses desafios visam melhorar ainda mais a energia que enviamos ao mundo, a energia que vibramos. Quanto mais essa energia cresce, mais a nossa vida cresce junto.

Não acredite no que estou dizendo aqui. Experimente, encare os desafios e comprove por si mesmo.

Se você já faz coisas desse tipo, parabéns. Se tiver novas ideias de pequenos desafios que melhorem nossas vidas, compartilhe com todos a sua volta e tire ainda mais sorrisos das pessoas que cruzam seu caminho.

As grandes lições estão nas coisas simples da vida.

"Se você for um varredor de ruas, seja o melhor varredor do mundo. Varra as ruas como se fosse Beethoven compondo, Leonardo da Vinci pintando ou Shakespeare escrevendo... assim, cada pessoa que contemplar seu trabalho pode dizer: por aqui passou o melhor varredor de ruas do mundo."

Martin Luther King Jr.

Motivação

Uma das experiências mais fantásticas da vida é quando encontramos dentro de nós uma energia, uma força, uma sensação de que vamos conseguir, de que queremos de verdade trilhar o caminho que escolhemos. É uma certeza que nos faz sorrir e acreditar, mesmo nos momentos mais difíceis; ela nos faz vencer desafios que pareceriam impossíveis para os que observam de fora. Essa sensação nos faz tentar mais uma vez, dar mais um passo, fazer um último esforço, encarar um último desafio em busca daquilo que queremos, em busca daquilo que sonhamos. Essa sensação nos faz até mesmo abrir mão de coisas que, de certa forma, nos fazem bem, mas que não nos levam na direção em que queremos ir. É algo forte, que nos faz tomar decisões que muitas vezes só nós entendemos.

É essa energia que nos leva a fazer aquilo que viemos fazer aqui. É essa força que nos faz vencer. E essa energia, essa força, essa certeza, essa sensação tem um nome: motivação. A verdadeira motivação, aquela que vem de dentro, de nossos corações, de nossa essência, daquilo que realmente somos.

Foi a motivação que levou Jesus a mudar o mundo. Talvez esse tenha sido o homem mais motivado que viveu entre nós. Sua motivação foi tanta, sua certeza foi tanta, que existe um mundo antes e outro depois d'Ele. Nosso calendário é contado a partir do dia em que Ele nasceu. Sua motivação era tão grande e verdadeira, que permaneceu nas suas palavras e atitudes. Aquilo que Ele disse e fez há cerca de 2.000 anos continua motivando pessoas em todo o mundo, continua dando a força necessária para que vários de nós busquemos o crescimento, o aprendizado, uma vida melhor e mais humana. E isso tudo Ele fez há mais de 2.000 anos, em uma época em que não havia nenhuma tecnologia para a propagação da informação.

Que coisa fantástica essa tal de motivação! Ela é capaz de mudar o mundo, tanto nosso mundo interior quanto aquele em que vivemos.

Muitos de nós podemos nos questionar: estamos fazendo todo o nosso esforço, acreditando no que queremos mais do que tudo, mas o nosso sonho não se realizou. Nossas forças estão acabando... e agora?

E agora continue, esforce-se um pouco mais, dê mais um passo. Nosso sonho não se realiza no nosso tempo. Ele se realiza no tempo certo, e isso não temos como saber exatamente quando será. Por isso, o "quando" não deve ser o mais importante do sonho. O mais importante deve ser termos certeza absoluta de que ele vai acontecer, porque já está acontecendo dentro de nós. O tempo certo para acontecer é a medida de tempo exata de que precisamos para nos prepararmos para o sonho, para a realização. As grandes construções precisam de alicerces firmes e fortes para garantir que continuarão de pé. Assim são nossos sonhos: quanto maiores, maiores também os alicerces que precisamos construir dentro de nós para sustentá-los depois.

Quando pensar em desistir, lembre-se que falta pouco. Olhe para trás e veja o que já fez, veja o que foi capaz de fazer e reúna forças para fazer um pouco mais, pois a realização já está logo ali. Às vezes, olhando para trás, percebemos que já realizamos tantas coisas e não nos demos conta porque só olhávamos o sonho realizado, o amanhã. Quando nos conscientizamos dessas pequenas realizações, tanto internas quanto externas, nos fortalecemos mais ainda e compreendemos o quanto estamos sendo preparados para a realização de nosso sonho. Falta pouco, mais um passo, mais um esforço, mais um tempinho necessário para que a transformação interior aconteça. Só depois que a transformação interior acontece é que o sonho está pronto para ser realizado do lado de fora. Antes, não há estruturação para ele. A ansiedade nos cega para o quanto já transformamos interiormente.

Os nossos sonhos são como o bambu chinês. Em aproximadamente cinco anos, o bambu cresce muito pouco à nossa visão. Parece que não irá mais à frente, pois chega um momento em que parece ter estabilizado naquele tamanho mínimo. E é nesse momento que vem a mágica. Depois desse tempo, depois do tempo certo, ele cresce a uma altura de muitos metros. Sabe por que leva esse tempo todo?

Durante os primeiros anos, o bambu estava criando raízes fortes e profundas, capazes de sustentar o seu sonho de ser forte o suficiente para chegar mais perto do céu, e flexível o suficiente para se curvar até o chão sem quebrar.

Esse é o bambu chinês. Esse é o nosso sonho. É necessário algum tempo para criarmos raízes fortes e profundas que irão nos sustentar em nossos sonhos. Quanto maior o nosso sonho, mais forte precisam ser as raízes. Quando as raízes não são criadas antes da sua realização, corremos o risco de transformarmos o sonho em um pesadelo.

É por isso que o sonho tem o tempo certo de acontecer.

Independentemente de qual seja o seu, se você sente dentro de você que ele é possível, então acredite, ele é possível. Faça todo o esforço para alcançá-lo. Mesmo que as pessoas à volta digam que isso é impossível, continue. Quando tiver construído as raízes fortes necessárias para sustentá-lo, ele irá emergir e levá-lo até o céu, mas dando a você a flexibilidade suficiente para se curvar até o chão sem quebrar.

Aquilo que as pessoas chamam de impossível é o que ainda não viram. Muitas coisas que são possíveis e até simples hoje eram consideradas impossíveis 50 anos atrás. Nem por isso as pessoas que as criaram deixaram de acreditar que era possível. Estamos onde estamos porque muita gente acredita que é possível realizar algo que nasce e cresce de si. Se essas pessoas não acreditassem nisso, hoje não teríamos televisão, celular, computador, entre tantas e tantas outras coisas.

A motivação é individual. O que me motiva é diferente do que motiva outra pessoa. Cada um de nós precisa encontrar dentro de si essa motivação, essa energia que é capaz de nos fazer vencer qualquer coisa. Todos nós a temos, só precisamos encontrá-la.

Normalmente, ela está atrelada àquilo que realmente é importante para você. Descubra o que realmente importa em sua vida e descobrirá o caminho de onde a sua motivação deve vir. Lembra do propósito que vimos nos capítulos iniciais? Ele é a origem dessa força.

Quando descobrir isso, a vida se tornará um conjunto de desafios que você terá muito prazer e muita vontade de vencer.

Quando isso acontece em nossas vidas, podemos até nos sentir fracos em alguns momentos, mas sempre haverá uma energia que brotará de dentro, impulsionando-nos para uma tentativa a mais, para mais um passo.

Sabe por que isso acontece? A vida é um grande sonho, e o nosso papel é realizá-lo.

Uma vez assisti a um vídeo de um homem chamado Nick Vujicic. Ele não tem nem pernas nem braços, mas não permitiu que isso o impedisse de realizar seus sonhos e de fazer as coisas de que gosta. Nessa palestra, escutei uma frase que nunca mais esqueci: "Não importa como você começa, importa como vai terminar".

Como quer terminar a sua vida? Qual será seu último pensamento antes de deixar o mundo físico?

Será um pensamento de arrependimento ou de agradecimento por tudo que pôde fazer nesta vida?

Não sei quanto a você, mas o dia mais feliz da minha vida será quando eu morrer. Sabe por quê? Porque cada dia da minha vida eu escolho ser melhor que o anterior, e em todos eles escolho estar indo em direção aos meus sonhos. Como ouvi uma vez um amigo dizer: "Não sei quanto tempo Deus vai me deixar aqui na Terra. Não sei se viverei até os 50 ou 90. Isso quem sabe é Deus. O que sei é que planejo minha vida para um universo de 5 a 10 anos à frente. Não sei quanto tempo vou ficar aqui, mas sei que estarei preparado para ficar o tempo que Deus quiser".

Uma coisa que podemos fazer para nos apoiarmos nos momentos mais difíceis que passamos na nossa caminhada, naqueles momentos específicos onde ficamos mexidos e às vezes nos perguntando se iremos conseguir, é juntar vários exemplos de pessoas que realizaram seus sonhos. Seja no seu computador, em um caderno, em vídeos, da forma que preferir, junte o máximo de exemplos de pessoas que conquistaram seus sonhos, que superaram desafios em suas vidas que pareciam impossíveis. Tenha o maior número desses exemplos por perto, e quando estiver se sentindo sem forças, veja e reveja alguns deles. Como já dissemos antes, a nossa força vem de dentro, não há dúvida, mas existem momentos em nossas vidas em que nos sentimos mais "debilitados" por dentro, e um excelente recurso para nos recuperarmos e até sairmos mais fortes do que estávamos antes é ver como outras pessoas conseguiram isso. Use e abuse desse recurso como uma ferramenta que eleva a sua força interior.

Onde podemos encontrar esses exemplos? Em livros, DVDs e, mais facilmente, na internet. Existem muitos vídeos e textos sobre pessoas que se superaram de alguma forma, basta procurá-los que você encontrará vários exemplos.

"Você ganha força, coragem e confiança através de cada experiência em que realmente para e enfrenta o medo."

Eleanor Roosevelt

Acredite em Você e nos Outros

Que conselho você daria a uma mulher grávida do quinto filho, com as seguintes condições?

O marido sofre de sífilis e ela de tuberculose;
Seu primeiro filho nasceu cego;
O segundo morreu;
O terceiro nasceu surdo;
O quarto é tuberculoso e ela está pensando seriamente em abortar a quinta gravidez.

Pense por alguns instantes... que conselho você daria?

Muitas pessoas neste momento talvez pensem que abortar é a melhor solução, já que poupará a ela e à família da grande possibilidade de mais um sofrimento, considerando o histórico familiar. Mas essa mulher não abortou. Ela resolveu ter o filho e ele se chamava Ludwig van Beethoven.

O que seria da nossa música sem Beethoven? Ainda bem que, de alguma forma, essa mulher não deixou de acreditar.

Vamos ver outros exemplos de pessoas que acreditam:

Xerox - (1940)

Um professor americano, Chester Carlson, apresentou à IBM e à General Electric, nos anos 1940, uma nova invenção. Uma geringonça que tirava cópias de documentos. Estas empresas rejeitaram sua ideia, que foi aceita pela Xerox. Resultado: criou-se um mercado bilionário de copiadoras, e a IBM e a GE ficaram de fora.

Luz Elétrica (1879)

O desenvolvimento da lâmpada incandescente pelo americano Thomas Edison é o marco da captura da energia elétrica. Ela alavancaria o desenvolvimento da indústria e revolucionaria o modo de vida das pessoas.Thomas Edison errou centenas de vezes antes de conseguir, e sua frase entrou para a história: "Gênio é 1 por cento inspiração e 99 por cento transpiração".

Hoje: cerca de 90% das casas, no Brasil, possuem luz elétrica. Nos países desenvolvidos, esse número é de quase 100%.

Telefone (1876)

Embora vários inventores estivessem trabalhando no projeto do telefone, foi o escocês Alexander Graham Bell quem realizou a primeira ligação entre dois aparelhos. "Doutor Watson, preciso do senhor aqui imediatamente", foi a primeira frase pronunciada ao telefone para um de seus assistentes.

Hoje: cada vez mais o celular facilita a vida do usuário em todos os sentidos.

Você consegue imaginar sua vida sem luz, sem celular e sem copiadoras (xerox)?

Então, aqui estão mais três grandes motivos para não deixar jamais de acreditar em você e nos outros.

As maiores transformações em nosso mundo são resultados de pessoas que acreditam muito nelas e nos outros.

A capacidade de realizar está em nossas mãos, vamos começar a utilizá-la com mais frequência.

"Comece fazendo o que é necessário, depois o que é possível, e de repente estará fazendo o impossível."

São Francisco de Assis

"Existem momentos na vida em que a única coisa que nos faz continuar é a certeza de que vamos conseguir. Isso ninguém pode nos tirar, e só nós podemos nos dar."

Marcelo Felippe

No Momento mais Difícil, sempre Há uma Saída

Quantas vezes nos deparamos com momentos da vida que parecem não ter solução? Uma situação no trabalho, um relacionamento abalado, uma gravidez inesperada, uma demissão em um momento difícil, ou uma doença grave, por exemplo.

Quantas vezes dissemos para nós mesmos que estávamos em um beco sem saída? Quantas dessas vezes achamos a saída? Pode ter sido muito difícil, sofrido, com um esforço que nem acreditávamos ser capazes de fazer, mas conseguimos achar uma saída. Quantas vezes pioramos a situação por nos afobarmos e ficarmos ansiosos? Algumas provavelmente.

E o mais importante: o que podemos aprender com isso tudo? Reflita alguns instantes antes de continuar... Reflita sobre essas situações em sua própria vida.

Da próxima vez em que isso acontecer, experimente relaxar e esvaziar a mente. Pode parecer a coisa mais difícil de fazer em um momento desses, mas você ficará impressionado com os resultados que pode obter agindo assim.

Quando nossa mente relaxa e esvazia, o coração começa novamente a nos guiar. E é aí que a mágica acontece. Nosso coração está ligado ao Universo, a Deus. Ele consegue ver muito, muito além de nossa mente. Ele sabe sempre qual o melhor caminho, qual a melhor saída, mas como nossa mente não consegue entender, nos primeiros momentos, as direções dadas por ele, tendemos a não segui-las. Afinal de contas, quantos de nós tem coragem para seguir aquilo que ainda não entende?

É por isso que as situações aparecem, muitas vezes, como algo que não tem solução. Para enxergarmos a solução para uma situação qualquer, precisamos estar ao menos um passo à frente para poder enxergá-la de forma mais ampla, tendo assim a capacidade de observar alguns passos antes da situação, ou seja, observando o conjunto de fatos e ações que nos levarão até ela. E enxergar um passo além, só nosso coração consegue. Só que a visão/direção que nosso coração nos mostra normalmente é algo cuja razão ainda não compreendemos. E aí novamente vem a pergunta: quantos de nós tem a coragem de dar um passo que ainda não entendemos?

Tudo isso tem um pouco a ver com fé, não necessariamente no sentido religioso, mas no sentido de acreditar. Muitas pessoas dizem que precisam ver para crer. O que acontece nesse processo é exatamente o contrário: precisamos crer para só depois ver. Não é isso que acontece com nossos sonhos? Alguém já viu o sonho se realizar para depois acreditar nele? Você terá que acreditar de verdade nele para realizá-lo. Por isso, sonhos têm a ver com fé, têm a ver com acreditar. E saídas para situações "impossíveis" também têm a ver com fé.

Quem acredita só pode tomar uma única direção: relaxar e esvaziar a mente para ouvir as grandes ideias que vêm do coração. Se você tem fé, vai acreditar no que vou dizer agora: sempre há uma saída. Acredite nela e a verá se desenhar na sua frente. Lembre-se: é necessário acreditar, mas também é necessário relaxar e esvaziar a mente para que aquele que realmente sabe das coisas (nosso coração) possa indicar a direção.

Antes de chegarmos aonde temos que chegar, momentos difíceis acontecem a fim de nos preparar para aquilo que a vida tem guardado para nós. Esses momentos são aqueles que nos fazem parar, olhar para o céu e perguntar: onde está a resposta? Como saio dessa? O que devo fazer?

Por alguns momentos, tudo parece ter ficado mais complicado, tudo parece nos testar ao extremo. É um momento ímpar, como se a vida perguntasse: é isso mesmo que quer? Será que não é melhor ajustar alguns pontos antes? Suas raízes já estão profundas o suficiente para suportar os ventos e o mau tempo, que acontecerão algumas vezes, sem se abalar?

São esses momentos, quando os encaramos com firmeza, sem medo, que nos deixam mais fortes. Esses momentos são tão importantes em nossas vidas, que por vezes nos farão mudar a direção ou o modo de buscarmos ou fazermos as coisas.

Algumas vezes, esses momentos nos farão destruir tudo que construímos para construir algo novo e muito mais incrível. Alguns podem perguntar: mas como vamos destruir tudo que fizemos na busca pelos nossos sonhos? Já me fiz esta mesma pergunta algumas vezes, e sabem o que aprendi? Nada é mais importante do que estarmos alinhados com nossa essência, com nosso coração, com aquilo de mais profundo e puro que existe dentro de nós. Por vezes, deixamos nossas mentes ficarem objetivas e práticas demais, planejando tudo, deduzindo tudo, tomando conta de tudo. Isso, por mais difícil que seja acreditar, afasta-nos da verdadeira força que precisa nos guiar: a nossa essência, o nosso coração.

Precisamos estar sempre com a mente pronta para fazer aquilo que precisa ser feito, mas quem diz a ela o que fazer, em que direção e em que proporção, é o nosso coração. Quando usamos demais a mente, deixamos de escutar a voz do coração. Quando fazemos isso por muito tempo, pouco a pouco vamos nos afastando da verdadeira direção, do verdadeiro caminho. Quando isso acontece, precisamos destruir para construir novamente, pois tudo que construímos não foi em bases sólidas. Se continuarmos sem fazer isso, estaremos à mercê de tempestades e do mau tempo. Um sonho só é realmente verdadeiro quando suas bases são tão firmes que nada pode quebrá-lo. Só acessamos totalmente esses sonhos quando deixamos nossos corações darem a direção, e nossas mentes realizarem aquilo que nossos corações percebem que precisa ser realizado. A mente não pode guiar, ela precisa estar pronta para realizar na hora certa e para estudar as possibilidades de realização quando for necessário.

Muitos desses momentos difíceis são exatamente isso: um desequilíbrio nos papéis da mente e do coração que precisa ser ajustado. Vamos começar a olhar com muito carinho e atenção para esses momentos, vamos começar a perceber a grandeza que eles trazem. Mais do que isso, vamos nos perguntar todos os dias se nossas mentes e corações estão em equilíbrio. Se não estiverem, vamos parar tudo e fazer o que precisar ser feito para restabelecer esse equilíbrio.

Nada é mais importante. Fazer o que precisa ser feito não necessariamente significa realizar uma ação. Às vezes, significa apenas parar de pensar, parar um pouco nossos pensamentos e perceber a grandeza da vida quando apenas sentimos. A meditação pode ser uma boa ferramenta para isso. Ela nos ajuda a anular nossos pensamentos em determinados momentos para escutar outras vozes importantes: o que nosso corpo está nos dizendo, o que a natureza está nos dizendo, o que as outras pessoas estão nos dizendo. Em nenhum desses casos com palavras, mas sim com sensações, intuições e percepções. Esses três fatores são fundamentais para entendermos a vida por completo e, consequentemente, as mensagens que ela nos dá, e percebermos os caminhos que ela nos mostra.

Esses momentos que chamamos de os mais difíceis são, na verdade, os mais importantes. São as grandes chances que temos de ajustar o que precisa ser ajustado, de corrigir o que precisa ser corrigido, de alinhar o que precisa ser alinhado, de reconhecer o que precisa ser reconhecido. Vamos valorizá-los, vamos aproveitá-los cada vez mais até que chegue o dia em que o nosso alinhamento interno seja tão grande que esses momentos nem sejam mais necessários. Como ainda falta um pouco para isso acontecer com quase todos nós, vamos dar a atenção que esses momentos merecem. Vamos aprender o que eles têm a nos ensinar. Vamos ajustar o que precisa ser ajustado e seguir em frente, rumo a nossa realização. Afinal de contas, existe algo mais importante que isso?

Para começar a treinar a nossa mente para parar de falar, uma forma simples é simplesmente prestando a atenção no fluxo de nossa respiração. Os pensamentos vão aparecer, não dê atenção que eles irão embora. Outra forma é contemplando uma paisagem, a natureza. Com a prática, aprendemos a fazer isso naturalmente. Acredite, esses momentos com nós mesmos, apenas com as intuições, sensações e percepções (sem pensamentos), são mágicos. Comece a transformar esses momentos difíceis em momentos mágicos para o seu crescimento.

A vida nos proporciona tantas lições de formas tão variadas! Vamos começar a percebê-las, vamos começar a trazer essas coisas simples para nossa rotina. Lembre-se: as maiores lições estão nas coisas mais simples. Olhar a nossa vida e perceber a complexidade do mundo e das situações é fácil. Difícil é olhar essa mesma vida e perceber quantos elementos simples se juntam para formar aquilo que chamamos de complexo.

Como disse São Francisco de Assis, "Comece fazendo o que é necessário, depois o que é possível, e de repente você estará fazendo o impossível". Quando estiver fazendo o impossível, não existirão mais momentos difíceis.

"Nós podemos ir até o limite dos nossos sonhos. Até onde vão seus sonhos? Descubra isso e saberá até onde pode ir."

Marcelo Felippe

"O que define o que somos é a capacidade de levantar depois de uma queda."

Autor desconhecido

Superação

O que mais precisamos fazer para realizar nossos sonhos, nossos objetivos, nossas metas?

Precisamos vencer todos os desafios que aparecem em nossos caminhos, transformar todos os obstáculos em trampolins que nos levem para mais alto, para mais perto do nosso sonho. Para fazer com que isso aconteça, precisamos nos superar a cada dia, a cada passo, a cada oportunidade. A superação é a chave que abre a porta para a realização dos nossos sonhos.

Desde pequeno nós nos superamos. Aprendemos a andar, a falar, a andar de bicicleta... e continuamos nos superando ao vencer os desafios do colégio, da faculdade, do casamento, entre tantos outros. Vencer desafios é aquilo que nos faz ser mágicos. E, melhor do que isso, todos nós somos mágicos. Alguns de nós apenas esquecemos temporariamente nosso poder de fazer mágicas em nossas vidas. Todos já fizemos essa mágica. Quer um momento mais mágico que o nosso nascimento?

É por esse motivo que todos podemos nos superar. Não importa quem nós somos, nem de onde viemos. O que importa mesmo é para onde estamos indo e aquilo que queremos ser.

Muitas vezes vamos ter dúvidas no caminho, vamos achar que não conseguiremos, e é daí que vem a primeira palavra mágica que vamos guardar: *Recursos*.

Nós temos todos os recursos de que precisamos. Basta ter na sua memória um momento desses onde você já se superou, como quando terminou a faculdade ou aprendeu a andar de bicicleta, e usar o exercício que vimos no capítulo "Mudando Nossos Comportamentos".

Assim, vamos trazer aquele estado de superação, de mágica, de volta para o nosso corpo, mente, coração e espírito. Quando fazemos isso, passamos a fazer aquilo que é mais importante, e também a usar as próximas palavras mágicas que vamos guardar: *Acreditar em Si*.

Acreditar em nós mesmos é um dos artifícios mais poderosos para nos fazer conquistar o que queremos. Quando acreditamos em nós, damos o primeiro grande passo em busca do que sonhamos. Quando acreditamos, conquistamos o que queremos dentro de nós. Daí vem a próxima palavra que vamos guardar: *Conquistar*.

Quando acreditamos e conquistamos o que queremos dentro de nós, precisamos conquistar fora. São necessárias essas duas conquistas, dentro e fora de nós, para realizarmos o que sonhamos. E como fazemos para realizar isso do lado de fora? Essa é a próxima palavra mágica que vamos guardar: *Agir*.

Para conquistar fora, precisamos agir. Agir significa não somente a ação em si, mas também o seu planejamento. Temos que fazer um planejamento que nos permita detalhar passo a passo o caminho por onde desejamos ir, além de contemplar opções de caminhos e talvez até de como trilhá-los (exemplo: posso escolher um único caminho para me deslocar entre dois pontos, mas posso fazer esse trajeto a pé, de bicicleta, de carro, de ônibus...).

No trajeto, precisamos estar sempre atentos para ver se precisamos ajustar algo (no nosso exemplo, se formos de carro, temos que estar atentos ao nível de combustível; para fazer isso, precisamos saber onde ficam os postos de gasolina no caminho e se vamos precisar adiantar o abastecimento para não correr o risco de ficar sem combustível antes do próximo posto).

Planejamento feito, partimos para a ação propriamente dita. Quando nos empenhamos nisso, chegamos aonde queríamos, obtemos aquilo que buscamos, e essa é a próxima palavra-chave que vamos guardar: *Obter*.

Feito isso, atingimos nosso objetivo. Depois de conquistarmos o que queremos, o que vem mais? Vem o exemplo que faz a diferença. Para superarmos alguma coisa de verdade e para ajudarmos os outros a se superarem, precisamos ser um exemplo de superação, um exemplo de *Acreditar, Conquistar, Agir e Obter*, um exemplo de *Recursos*, e é daí que vêm nossas últimas palavras mágicas deste capítulo: *Ser um poderoso exemplo*.

Seja um poderoso exemplo de superação para você e para todos a sua volta. Faça essa energia contagiante se espalhar e levar a *Superação* para todos.

Quando aprendemos essas palavras mágicas, aprendemos também que todas elas se resumem a uma única palavra: SUPERAÇÃO.

A partir de agora, essa palavra e também seu significado fazem parte de você também.

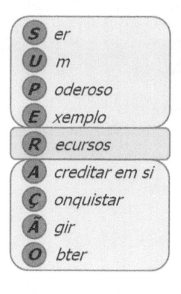

155

"A melhor forma de prever o futuro é criá-lo."

Peter Drucker

"A corrida para a excelência não tem linha de chegada."

David Rye

A Fonte do Sucesso

Depois de tudo que conversamos até aqui, o que mais podemos fazer? Como colocar em prática tudo isso para alcançarmos o que queremos? Planejando e definindo os passos para chegar lá.

Precisamos nos planejar e definir os passos para chegar lá.

1º Passo: Objetivo

A primeira coisa que precisamos fazer para começar a trilhar o caminho que leva à realização do nosso sonho, do nosso objetivo, é definir qual é ele.

Defina em uma frase o seu objetivo / sonho (O que quer?).

| |
| |

Após definirmos o que queremos, precisamos colocar em termos práticos o que a frase anterior representa. Para fazer isso, passe para o próximo passo e responda às perguntas adiante:

2º Passo: **Definições**

Por que quero isso? O que vou ganhar alcançando isso? Vou perder alguma coisa? Qual é o preço do meu sonho? Estou disposto a pagar isso por ele?

| |
| |

Cada sonho, cada objetivo que temos possui um preço. Para alcançá-lo, muitas vezes precisaremos abrir mão de algumas coisas. Por exemplo, se quero comprar minha casa, precisarei poupar dinheiro. Isso pode significar menos saídas com os amigos, menos viagens, diversões mais econômicas. Vale a pena?

De que formas posso alcançar isso?

Liste algumas opções de caminhos que pode seguir para alcançar o que quer. Liste livremente, quantos conseguir imaginar.

Lembre-se: se, por exemplo, estou no Rio de Janeiro e quero ir da Tijuca para a Barra da Tijuca, existem vários caminhos possíveis que podem nos levar lá. Uns serão mais curtos, porém mais engarrafados. Outros mais longos, mas com trânsito bom. Uns podem passar por lugares mais bonitos. Outros por lugares mais perigosos, apesar de mais rápidos. Em resumo, para irmos de um lugar a outro, quanto mais opções tivermos, mais formas teremos para chegarmos aonde queremos, pois, se escolhemos um caminho e algo acontece, podemos decidir rapidamente se continuamos por ele ou vamos por outro, pois criamos várias opções para chegarmos aonde queremos.

Em que especificamente a realização desse sonho muda minha vida? Em que muda a vida das pessoas que estão a minha volta? Todos vão ganhar?

Se, por exemplo, estamos em janeiro, queremos ganhar R$ 100.000,00 até o final do ano, e nosso salário é de R$ 3.000,00. Se continuarmos da mesma forma, nunca chegaremos lá. Começamos então a procurar opções para alcançarmos nosso objetivo, e uma delas se torna real: passar o ano todo na Europa realizando um trabalho que vai nos garantir exatamente a quantia que queremos. O que fazemos? Não pensamos duas vezes e vamos logo em busca do que queremos? Será que vale a pena?

Ficar um ano fora pode significar ficar um ano sem ver sua família e amigos. Pode significar não acompanhar uma parte importante do crescimento do seu filho ou deixar sua esposa aqui sozinha em um momento em que ela precisa muito de você. E aí, vale a pena?

É por isso que precisamos sempre levar em consideração se o que queremos mudará nossa vida e as das pessoas que estão a nossa volta. Muitas vezes, o que vamos perder pode ser muito maior do que o que vamos ganhar.

Quando quero alcançar meu sonho, ou meu objetivo? O prazo que escolhi é razoável, levando em consideração o tamanho do sonho e o esforço que precisarei fazer para alcançá-lo?

O tamanho do sonho precisa ser compatível com o tamanho do prazo de que precisamos para chegar lá. Se o sonho for maior que o prazo, precisamos dividi-lo em partes menores. Se o sonho for muito menor que o prazo, precisamos diminuir o prazo ou aumentar o sonho.

Independentemente de qual seja o caso, precisamos sempre considerar essa variável na nossa avaliação.

Onde quero realizar isso? Quem mais estará comigo nesse momento?

É importante também avaliarmos se as pessoas que estarão conosco na realização desse sonho (se houver mais alguém além de nós) realmente querem o mesmo que queremos e onde esse sonho será realizado.

3º Passo: Opções e critérios

No segundo passo listamos algumas opções que podem nos levar a chegar aonde queremos. Agora iremos pegar aquelas opções e mais alguma que possa aparecer e fazer uma tabela de avaliação (como a que se segue, chamada Matriz de Prioridades), na qual definiremos alguns critérios para avaliar cada uma das opções. Por exemplo, no nosso exemplo de ir da Tijuca à Barra da Tijuca, podemos escolher alguns critérios como: distância, tempo do trajeto/nível de engarrafamento, nível de perigo (da estrada ou do ambiente), entre outros.

Vamos avaliar cada uma das opções em relação a cada critério, dando notas de 1 a 10, onde 10 significa dizer que aquela opção satisfaz ao máximo o critério escolhido. No final, somamos os pontos, e essa soma irá indicar quais as melhores opções para chegarmos aonde queremos (a melhor opção será a que tiver mais pontos).

Usando nosso exemplo, vamos preencher a tabela seguinte para efeito ilustrativo:

Matriz de Prioridades	Critério 1 Engarrafamento	Critério 2 Distância	Critério 3 Perigo	Total
Opção 1 Ir pela Zona Sul	8	6	8	22
Opção 2 Ir pelo Alto da Boavista	7	9	8	24
Opção 3 Ir pela Grajaú/ Jacarepaguá	7	8	6	21
Opção 4 Ir pela Linha Amarela	6	6	6	18

Agora que já sabemos como realizar o 3º passo, preencha a tabela que se segue para prosseguir com seu planejamento:

Matriz de Prioridades	Critério 1	Critério 2	Critério 3	Total
Opção 1				
Opção 2				
Opção 3				
Opção 4				

4º Passo: Escolhas

Após termos definido quais opções temos e avaliado-as segundo os critérios que escolhemos, podemos fazer a escolha do melhor caminho e das demais alternativas que poderemos usar caso algo não saia como planejado. No nosso exemplo de ir da Tijuca para a Barra da Tijuca, o melhor caminho, considerando os critérios escolhidos, é o Alto da Boa Vista e o pior, pela Linha Amarela.

Agora, coloque a seguir a ordem de alternativas que definiu com a Matriz de Prioridades (Opções e Critérios). Da melhor opção para a pior:

5º Passo: Evidências

Quais são as evidências de que está conseguindo se aproximar da realização do seu sonho/objetivo? Quais os pontos de avaliação e controle que irá criar para saber se está indo para onde quer ir?

Crie algumas evidências e pontos de avaliação e controle que possam ser checados ao longo do caminho para que você possa perceber se está chegando onde quer. O que você vai perceber? O que irá ver, ou ouvir, ou sentir? O que vai acontecer? Que sinal indicar-lhe-á que está nesse caminho?

No nosso exemplo, se escolhi ir pelo Alto da Boa Vista, minhas evidências de que estou me aproximando podem ser as passagens pela rua Uruguai, pela Usina, a entrada da Floresta da Tijuca, entre outras, ou seja, quando passar por cada um desses lugares, saberei que estou um pouco mais perto.

E em relação ao que quer, que evidências terá de que está se aproximando? Descreva algumas no espaço adiante:

```
┌─────────────────────────────────────────────┐
│                                             │
│                                             │
└─────────────────────────────────────────────┘
```

Até chegar a esse ponto do seu planejamento, lembre-se de sempre observar o sistema e fazer a você mesmo algumas perguntas simples, como, por exemplo: Estou indo pelo melhor caminho? Preciso ajustar algo? Estou chegando lá? Como foi para chegar até aqui? O que aprendi?. Se algo mudar, podemos voltar e refazer a parte do planejamento que sofreu alteração. Após definir as evidências e acompanhá-las, chegamos ao sexto passo.

6º Passo: Objetivo alcançado?

Se todos os passos anteriores foram seguidos, só resta uma pergunta: alcancei meu objetivo? Se a resposta foi sim, solução alcançada. Parabéns, mais um sonho/objetivo realizado em sua vida.

Se a resposta foi não, uma revisão é necessária. Volte ao início, revise cada passo e veja o que deixou de perceber que o impediu de chegar aonde queria. Em todos esses passos, é importante sempre lembrarmos uma coisa: não tente, faça.

Planeje, faça e realize aquilo que programou. Essa é a maior garantia de que chegará aonde quer.

A seguir, o diagrama com cada um dos passos que seguimos.

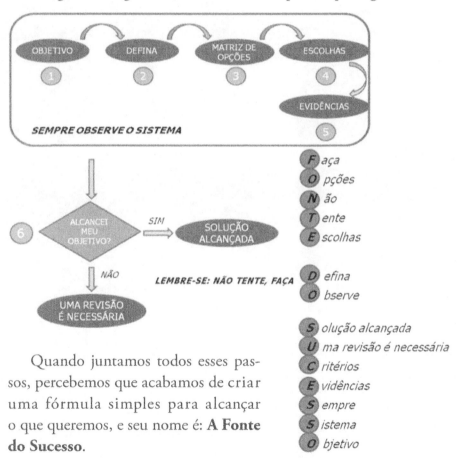

Quando juntamos todos esses passos, percebemos que acabamos de criar uma fórmula simples para alcançar o que queremos, e seu nome é: **A Fonte do Sucesso**.

"Um homem não pode fazer o certo numa área da vida, enquanto está ocupado em fazer o errado em outra. A vida é um todo indivisível."

Mahatma Gandhi

"Não permita que o que você é impeça o que você pode vir a ser."

Harry Palmer

A Vida em 360º

A nossa tendência como ser humano é dividir a vida em partes. Apesar de sermos seres integrais, preferimos compartimentar nossas vidas em pequenos segmentos.

Um exemplo disso é nossa saúde física. A maioria de nós sabe que precisa ter uma alimentação saudável e praticar exercícios físicos para manter o corpo sadio por mais tempo. Apesar de sabermos disso, quantos de nós o fazemos com regularidade? O que acontece normalmente é que vamos fazer um exame qualquer e descobrimos que alguma coisa está fora do padrão no nosso corpo (triglicerídeos, por exemplo). O médico nos recomenda moderação na alimentação e prática de exercícios físicos. Quanto maior é o "susto" que o médico nos dá, maior o nosso engajamento para mudar as coisas. Apesar disso, acabamos fazendo apenas um dos dois, e mesmo assim até as coisas voltarem ao normal, em muitos casos. Escolhemos o que aparentemente é mais fácil para nós, deixando muitas vezes de escolher o que é melhor.

Outro exemplo é quando nos olhamos no espelho e percebemos que nosso peso está aumentando muito. Quando o caso é só o espelho (sem recomendação médica no caminho), a nossa vaidade fala mais alto e nos sentimos mal. A partir daí prometemos que vamos entrar na academia, controlar a alimentação, entre outras coisas. Dependendo do tamanho do impacto que o espelho nos deu, isso até acontece, mas muitas vezes não de forma permanente.

E se parássemos de fragmentar nossas vidas e nos olhássemos como seres integrais que somos? Será que não teríamos uma vida muito mais saudável e feliz? Será que não evitaríamos muitos problemas surgidos ao longo da vida?

Existem duas formas básicas de aprendermos: pelo conhecimento e pelo sofrimento. O que nos faz escolher o último na maioria das vezes? Será que é bom sofrer? Acredito que ninguém goste disso.

Analisemos rapidamente, em diferentes áreas, tipos de problemas que acabam aparecendo em algum momento de nossas vidas:

- **Ambiente** – Este é um posicionamento que acaba nos fazendo as suas cobranças ao longo da vida. O ambiente que criamos a nossa volta no trabalho, em casa, ou onde quer que seja, pode nos trazer coisas boas (como promoções no trabalho), mas também coisas ruins que vão gerar muita reflexão (como demissão).

- **Corpo** – Às vezes encontramos problemas com outras pessoas apenas relacionados a que tipo de mensagem nosso corpo transmite. Por exemplo, se de vez em quando falamos com as pessoas apontando o dedo para elas, isso pode causar uma sensação de ameaça ao outro.

- **Identidade** – Em algum momento na vida nos contestamos sobre quem somos de verdade, e essa angústia pode nos causar muitos dissabores, sem contar a sensação de vazio que pode ficar dentro de nós.

- **Mente** – Quantas vezes não resolvemos algo que precisávamos resolver por não saber como?

- **Relacionamentos** – Quantos problemas podemos ter ao longo da vida apenas relacionados a este quesito?

- **Alimentação** – Se temos uma alimentação desequilibrada o tempo todo, em algum momento nosso organismo irá nos cobrar isso, normalmente em forma de doença ou mesmo no encurtamento de nossa passagem aqui pela Terra.

- **Espiritual** – Existe um momento da vida em que ficamos meio sem direção e, neste momento, normalmente recorremos a Deus. É nesse momento que reparamos que existe algo além de nós.

- **Exercícios** – Se não temos o hábito de praticá-los, em algum momento somos chamados a fazê-lo, seja pela nossa preocupação com a saúde, pelo ultimato do médico ou mesmo por vaidade.

E se começássemos a observar e trabalhar todos esses aspectos de nossa vida a partir de hoje?

Será que conseguiríamos ter uma vida mais saudável e feliz em todos os sentidos? Será que conseguiríamos evitar a maioria das questões expostas?

Imaginando que estamos no centro de nossa vida integral, precisamos começar a fazer algumas perguntas para cada um desses segmentos de nossas vidas e a respondê-las.

Para começarmos a trabalhar essa prática, precisamos nos colocar no meio disso, como na figura adiante e fazer perguntas, como por exemplo, as que se seguem:

- **Ambiente** – Em que ambiente escolho viver? Que tipo de cenário construí a minha volta? Estou feliz com ele? Caso contrário, como posso reconstruí-lo de forma a criar o ambiente onde realmente gostaria de viver? Lembre-se: a mudança sempre começa por nós.

- **Corpo** – Qual a minha postura corporal? Como me movo? Que tipo de mensagem meu corpo (gestos, postura) passa para os outros? É esse tipo de mensagem que eu gostaria de passar? Caso contrário, o que posso fazer para começar a mudar isso agora? Lembre-se: o nosso corpo expressa aquilo que somos em nossos pensamentos.

- **Identidade** – Quem sou eu no mundo em que vivo? (Isso vai muito além de qual o meu nome.) Qual a minha missão de vida? O que vim fazer aqui? Tudo o que faço no meu dia a dia está relacionado com essa missão? Caso contrário, o que posso fazer para começar a mudar isso hoje? Lembre-se: tudo o que fazemos, todos os nossos objetivos precisam estar alinhados com nossa missão, com nosso propósito de vida.

- **Mente** – Estou preparado para enfrentar qualquer coisa que possa acontecer na minha vida? O quanto me conheço de verdade? Procuro aprender alguma coisa nova todos os dias para aumentar minhas possibilidades em relação à vida? O que aprendi hoje de importante que possa levar para o resto da vida? O que aprendi ontem? O que aprenderei amanhã? Lembre-se: quanto mais nos preparamos, mais capazes estaremos de enfrentar qualquer desafio e vencê-lo.

- **Relacionamentos** – Qual o meu nível de inteligência emocional (intrapessoal e interpessoal)? O quanto conheço sobre mim? O quanto sei me colocar no lugar do outro? Consigo me relacionar com qualquer tipo de pessoa? Que tipos de relacionamentos estou criando? Trato bem a todos? Vejo sempre o lado positivo das situações? Lembre-se: quanto mais nos conhecemos, mais conhecemos o outro.

- **Alimentação** – Como me alimento? Como deveria me alimentar? Tenho consciência dos benefícios de uma alimentação equilibrada? O quanto poderia me tornar mais resistente e saudável se praticasse uma alimentação saudável? O que vou começar a fazer agora para mudar isso? Lembre-se: nós somos aquilo que comemos.

- **Espiritual** – Em que acredito? Quais as minhas crenças? Elas são boas para mim e para os outros? O que faço a cada dia para compreender melhor o lado espiritual da vida? O quanto será que posso me tornar mais forte se tornar mais forte meu espírito? Será que as crenças certas podem criar as forças extras de que preciso para estar sempre sorrindo? Lembre-se: nós podemos ir até o limite de nossos sonhos.

- **Exercícios** – Quão bom seria se tivéssemos uma ferramenta que pudesse nos ajudar a queimar o estresse do dia a dia e ainda nos ajudar a regenerar e fortalecer nosso corpo. O exercício físico praticado regularmente não seria essa ferramenta? O quanto podemos ficar mais saudáveis apenas com a prática de uma atividade física regular? Lembre-se: o exercício nos ajuda a queimar o estresse que não conseguimos transformar dentro de nós por falta de conhecimento.

Depois de se fazer tais perguntas em cada um dos segmentos, coloque-se no centro desses oito segmentos de sua vida. Visualize como está a sua vida hoje em relação a cada um deles. Reflita alguns minutos sobre isso.

Quando terminar, imagine-se novamente no centro desses oito segmentos que fazem parte de você. Agora, visualize como quer que esteja a sua vida em cada um deles, imagine que todos se integram no centro, em você. O quanto você percebe, neste momento, que a sua vida pode melhorar praticando isso?

Esse é um excelente exercício para fazer sendo conduzido por alguém, mas também pode ser feito sozinho. Seja de uma forma ou de outra, faça e aplique as mudanças na sua vida.

Faça isso pelo menos uma vez por dia até que já esteja fazendo tudo o que imaginou e desfrute dos benefícios de ter uma vida integral.

Quando estiver nesse nível, não pense que acabou. Volte ao meio e projete um crescimento ainda maior. Nós sempre podemos ir além.

Mais do que isso, se está funcionando com você, passe adiante para aqueles que ainda não praticam uma vida integral.

Lembre-se: você precisa ter as respostas para todas essas perguntas. Mais do que isso, você precisa gostar e, literalmente, vivenciar as respostas.

"Você não está no mundo. O mundo está em você."

Os Vedas

A Diferença entre Querer e Fazer

Existe uma diferença entre querer e fazer.

Nós queremos ser mais felizes, ter mais tempo para fazer aquilo de que gostamos, passar mais tempo com as pessoas que amamos, corrigir alguns comportamentos e atitudes, fazer mais pelos outros, transformar o mundo em um lugar melhor para todos, entre outras coisas. Quantas dessas coisas nós realmente fizemos ou fazemos agora?

Quantas coisas que quisemos e ainda queremos fazer e já adiamos para o dia seguinte, para o mês seguinte, para o ano seguinte? Quantas dessas coisas que "sempre" quisemos fazer já adiamos há anos?

Quanto tempo de nossas vidas ficamos adiando o que realmente é importante para nós, dando atenção apenas ao que é urgente?

A maior parte de nós, por pelo menos uma parte da vida, passa mais tempo existindo do que vivendo. Existir significa reagir às coisas que vão acontecendo ao redor de nós, "resolver" o que aparece no nosso caminho, deixar a vida ir nos levando, ou pelo menos acreditar que é isso que acontece e que não existe outra forma, outra saída.

Viver significa fazer o que é importante, agir no mundo, e não apenas reagir a ele, saber que nós somos responsáveis pelo nosso caminho, e não a vida, ou outro fator externo qualquer que nomeamos. É fazer aquilo que queremos, é querer de coração e fazer com amor, é dar atenção ao que realmente é importante para nós.

Nossa energia flui para onde focamos nossa atenção. Viver querendo e não fazer nada para conquistar, reagir à vida e não agir sobre ela é deixar nossa energia ir para as coisas que não são importantes, ou pelo menos não tão importantes para nós.

É realmente para isso que estamos aqui? É realmente para isso que ganhamos um grande presente de Deus chamado vida? Realmente acho muito difícil que esses sejam os planos de Deus para nós. Tenho certeza de que ele quer mesmo é nos ver plenos, equilibrados, felizes e em paz.

Fomos feitos para sermos completos, e para alcançarmos isso precisamos agir, precisamos fazer, precisamos tomar as rédeas de nossa vida e realizar as coisas que são realmente importantes para nós.

Querer e fazer, guiados pelo coração, esse é o caminho para nos tornarmos realmente completos, plenos.

Durante muito tempo conjugamos o verbo querer. Está na hora de conjugarmos o verbo fazer.

O que realmente queremos do fundo do nosso coração? Se essas coisas são importantes realmente, não adie mais. Faça agora, comece hoje.

No final da vida, de nada vale o que quisemos fazer durante nossa passagem aqui, vale o que fizemos.

O que você fez? O que vai começar a fazer agora?

Concentre sua atenção nisso e permita que sua energia flua para a direção que importa, a direção do seu coração.

Só uma pessoa pode **Fazer** a diferença na sua vida: **Você**.

"Primeiro aprenda a ser um artesão. Isso não o impedirá de ser um gênio."

Eugene Delacroix

"Quem quiser vencer na vida deve fazer como os seus sábios: mesmo com a alma partida, ter um sorriso nos lábios."

Dinamor

Somos Seres Incríveis

Nós somos seres extraordinários criados por Deus. Ao mesmo tempo que somos complexos, somos feitos de coisas muito simples. Átomos que formam moléculas, moléculas que formam células, células que formam tecidos, tecidos que formam órgãos, órgãos que formam sistemas que formam um corpo extraordinário que serve de base para a manifestação de um Ser extraordinário: você, eu, nós.

Veja como nosso corpo é extraordinário (dados aproximados retirados de um documentário a que assisti):

100 trilhões de células;
640 músculos;
200 ossos;
2,5 bilhões de batimentos cardíacos ao longo da vida;
Um esqueleto que se regenera cinco vezes;
Um cérebro capaz de realizar bilhões de conexões diferentes.

É necessário um corpo incrível como esse para receber seres tão fantásticos, com uma imensa capacidade de amar, com uma grande capacidade de criar e de realizar coisas maravilhosas, como nós.

O nosso corpo, apesar de extraordinário, possui seus limites. Já a nossa mente, o nosso coração e o nosso espírito não possuem. Podemos crescer, aprender coisas novas e nos desenvolver todos os dias. Quanto mais fazemos isso, mais capacidade para continuar fazendo adquirimos. O que chamo de Ser neste capítulo é o conjunto formado por mente, coração e espírito.

Somos ou não somos fantásticos?

Ter consciência disso e usar essa capacidade ilimitada a nosso favor é o que precisamos começar a fazer com mais atenção. Muitas vezes colocamos limites em nós mesmos (limites no sentido de aonde podemos chegar, de como podemos nos desenvolver). Esses limites travam nosso crescimento e desenvolvimento, além de afetar diretamente nosso estado de espírito, nosso ânimo, nossa motivação. Sabe por que isso acontece?

Inconscientemente, sabemos de todo o nosso potencial. Quanto mais longe nos colocamos desse potencial, mais isso afeta a "força" que nos move. O desânimo, a desmotivação nada mais são do que respostas que o inconsciente dá para o consciente perceber que há algo errado, que não estamos fazendo algo com toda a capacidade que temos ou da forma como deveríamos. Cada vez que nos sentimos para baixo, tristes, isso é um sinal que estamos recebendo do nosso Ser mais profundo de que estamos sendo e fazendo menos do que podemos. Nós somos tão incríveis que nosso próprio Ser nos avisa quando não estamos como deveríamos estar.

A partir de agora vamos parar de encarar passivamente sinais que recebemos de nós mesmos — sinais de desânimo, desmotivação e tristeza — e passar a vê-los como informações preciosas que estamos recebendo de que algo precisa mudar. Uma pergunta que pode surgir é: podemos encarar isso como algo que precisamos mudar, mas como saberemos exatamente o quê?

Da mesma forma que nosso Ser nos mostra o que está errado, ele também mostra o caminho que deveremos seguir através do nosso coração. Temos dentro de nós todas as respostas e recursos de que precisamos para crescer todos os dias, só precisamos aprender como acessá-los mais frequentemente.

Para isso acontecer, precisamos estar mais conscientes de nós mesmos, precisamos estar mais presentes em tudo o que fazemos. Assim, aprenderemos a reconhecer os sinais simples que nossos corpos, mentes, espíritos e corações nos dão todos os dias sobre direções a seguir e ajustes a serem feitos.

Existe uma história Zen que nos mostra a importância de estarmos presentes no que fazemos (retirada de *O Livro Tibetano do Viver e do Morrer*, de Sogyal Rinpoche):

O discípulo pergunta ao Mestre:
— Mestre, como o senhor põe a iluminação em ação? Como pratica na vida de todo o dia?
— Comendo e dormindo — responde o Mestre.
— Mas, Mestre, todo mundo come e todo mundo dorme.
— Mas nem todos comem quando comem nem dormem quando dormem.

Passamos a maior parte do nosso dia ou no passado, lembrando de coisas que aconteceram, do que fizemos, do que não fizemos, ou no futuro, planejando o que temos que fazer, pensando no que está por vir, quando deveríamos passá-lo no presente. Temos dificuldade de estar presentes nas coisas mais simples, como comer. Quando comemos, estamos saboreando o alimento, percebendo o efeito que ele faz em nosso corpo, nos sentidos, ou estamos pensando em outra coisa (em algo que temos que fazer, algo que aconteceu, ou algo que acontecerá)?

As pessoas que vivem no Ocidente têm uma dificuldade bem maior de viver no presente do que as que vivem no Oriente. **No**

Ocidente, as pessoas tendem a ter uma vida mais corrida, a vida profissional é mais agitada e a disciplina é menor. Já no Oriente, a tendência é uma disciplina maior e uma vida mais centrada em algo. Como exemplo disso, temos as artes marciais e a meditação, muito difundidas nesta parte do mundo. Estas duas práticas, por exemplo, somadas à disciplina, dão às pessoas uma maior possibilidade de viver no presente.

A questão maior é que, independente de que parte do mundo nós estejamos, precisamos estar no presente para despertar todo o potencial do Ser incrível que somos.

E como podemos praticar essa presença?

E como podemos praticar isso?

Com coisas simples, como respirando conscientemente. Perceba que está respirando, por exemplo. Qualquer prática ligada ao corpo (esportes, artes marciais, dança...) ajuda muito nisso, sabe por quê? Porque nosso corpo é a parte de nós que vive somente no presente. Nossa mente, nosso espírito e coração podem "voar", mas o corpo não.

Aprender a viver no presente é aprender a ter mais consciência do que somos e, consequentemente, usar todo o potencial que temos. Somos seres incríveis, mas precisamos ter consciência disso e também desenvolver nossa percepção para perceber isso nas coisas mais simples.

Comece treinando a presença, coma enquanto come, durma enquanto dorme, que o resto do caminho seu próprio Ser irá mostrar.

Mais uma vez reforçamos aquilo que já dissemos outras vezes neste livro: o segredo, as grandes lições, tudo que precisamos saber estão presentes nas coisas mais simples da vida. Observe mais profundamente isso, que você estará observando mais profundamente a si mesmo. Quanto mais profundo vamos em nós mesmos, maior o potencial que manifestamos.

Você é incrível, eu sou incrível, todos são incríveis. Simplesmente perceba isso e deixe que seu Ser indique o próximo passo.

"Os homens deviam ser o que parecem ou, pelo menos, não parecerem o que não são."

William Shakespeare

Volte a Ser Criança

Quando queremos nos transformar, quando queremos transformar pessoas, precisamos apenas fazer uma coisa simples: voltar a ser criança.

Quando nascemos, estamos puros, com a mente limpa, prontos para dar início ao nosso maior desafio, que é viver. Nesse momento, praticamente percebemos o mundo como ele é, ou pelo menos o mais próximo disso. Não temos nenhuma experiência de referência, não temos com o que comparar os estímulos que estamos recebendo, não temos nenhum filtro de percepção dizendo o que é certo ou errado, estamos limpos de crenças e de valores, pelo menos conscientemente. Esse talvez seja o momento mais puro e mais próximo da realidade que a maioria de nós tem na vida. E aí o que acontece?

Crescemos, vamos aprendendo o que é "certo e errado", vamos adquirindo experiências de referência, vamos colocando cada vez mais camadas de crenças, e quando chegamos à fase adulta achamos que sabemos tudo, que conseguimos perceber a realidade como ela é, e no entanto é justamente o contrário que está acontecendo. A cada dia nos distanciamos mais e mais de nossa capacidade de enxergar o que pura e simplesmente é, sem ilusões ou interpretações.

Criamos tantas camadas entre aquilo que percebemos e a realidade, que começamos a trabalhar para descobrir e limpar essas camadas.

Com todo este processo interno em nosso crescimento, a criança que habita em nós muitas vezes é sufocada, pois achamos que maturidade significa seriedade. Mas, como eu disse antes, o sorriso do rosto é o sorriso da alma.

Quanto mais sérios ou embrutecidos ficamos diante de nossa vida, mais nos distanciamos de nós mesmos, de nossa própria realidade e de nossa criança interior. E é ela, em sua pureza, que muitas vezes nos conduzirá ao melhor caminho a ser seguido.

Lembrem-se da diferença entre observação e interpretação. Interpretar significa julgar, independentemente da intenção ou do veredicto. A criança observa e aprende com o que vê; a interpretação é desenvolvida pelas imposições do meio em que vivemos.

Volte a ser criança, Já reparou como uma criança aprende a andar, por exemplo? Ela levanta e cai, levanta e cai, levanta, vai um pouco além e cai novamente e assim vai até que aprende a andar. Se nós adultos tivéssemos que aprender a andar agora, será que conseguiríamos?

Provavelmente sim, mas com muito mais dificuldade. Ao primeiro tombo, um adulto tenderia a ficar pensando na dificuldade, na possibilidade do fracasso e talvez até no que as outras pessoas iriam pensar em vê-lo cair, "fracassar" tantas vezes. O que as pessoas iriam comentar? Isso só dificultaria o aprendizado, pois, antes de aprender, precisaríamos quebrar alguns bloqueios como a importância que damos ao que as outras pessoas podem achar, o pensamento delas em relação ao "nosso fracasso" entre outras coisas.

Como seria mais fácil se tivéssemos a determinação e a pureza da criança, sem julgar nem nos preocupar com nada, apenas continuando, tentando e observando os nossos resultados, ajustando o que for necessário até alcançar nosso objetivo. Se somássemos a essa pureza da criança a nossa experiência de adulto, aí sim o aprendizado seria ainda mais rápido.

A experiência já temos, agora vamos voltar a ser crianças, deixar que a alegria e a leveza nos conduzam, equilibrando mente, emoção e espírito e vejamos até quão distante podemos chegar, o quão "impossível" podemos alcançar e realizar.

Só depende de nós!

"Na vida, o que realmente vale é o que fazemos pelos outros. O que fazemos por nós é obrigação."

Marcelo Felippe

"Nossa vida é o presente que Deus nos dá. O que fazemos dela é o presente que ofertamos a Deus."

Autor desconhecido

Retribuindo à Vida

Nós pedimos um monte de coisas ao Universo, conquistamos muitas delas e mais algumas outras, mas o que estamos dando de volta para a vida? O que estamos fazendo para colaborar com o crescimento dos outros?

No fundo, de que vale tudo que conquistamos, tudo que somos, se não estamos colaborando para o crescimento do mundo a nossa volta?

Para chegarmos aonde chegamos, seja lá onde tenha sido, precisamos, em algum momento, de algumas oportunidades que alguém nos deu. Pode ter sido alguém que acreditou em nós e nos deu uma chance em algo que queríamos, alguém que nos ajudou quando não tínhamos condição ou mesmo uma inspiração divina que aconteceu quando menos esperávamos, e que nos deu a ideia que mudou nossas vidas.

Seja lá qual tenha sido a forma, podemos ter uma única certeza: chegamos até aqui e chegaremos até onde iremos chegar porque alguém colaborou com isso e ainda vai colaborar. Esse alguém é "algo além" de nós. E desse algo todos precisamos.

Se isso aconteceu, acontece e continuará acontecendo em nossas vidas, por que não colaborar da forma que pudermos para ser esse "algo além" dos outros? Vamos fazer a nossa parte, vamos devolver um pouco do que conseguimos de bom da vida para a vida.

Como fazer isso? Existem muitas formas. Desde dar um alimento a quem dele necessita, a dar uma oportunidade a quem dela precisa, ou acreditar em alguém quando ninguém acredita. Seja lá qual for a forma, tenho certeza de que você encontrará a sua, ou, ainda melhor, as suas.

Sabe o que é melhor nisso tudo? Quando construímos a nossa volta essa energia, esse ciclo de crescimento contínuo para todos, recebemos uma única coisa do Universo: mais crescimento. Esse é um ciclo que se realimenta em todas as fases, fazendo com que todos os nele envolvidos estejam sempre crescendo, sempre se movendo para melhor.

Quer crescer, quer aprender, quer melhorar na vida?

Então comece agora ajudando os que estão a sua volta a crescer, aprender e melhorar, pois nós levamos da vida aquilo que fazemos pelos outros. O que fazemos por nós é pura obrigação.

Já refletimos sobre muitas coisas, já praticamos outras, encaramos alguns desafios, mas faltou um, o último. Para entendê-lo em sua essência e realizá-lo da melhor maneira possível, você precisa ter enfrentado aqueles que lançamos no capítulo "Desafios".

Aí vai o último desafio: aprenda tudo o que puder com este livro e passe adiante para pelo menos 10 pessoas. Nós só aprendemos algo realmente quando ensinamos. Passar adiante é a chave para fazer fluir a energia, para realizar nossos sonhos e para ajudar os outros a realizar os deles.

Qual a graça que há em só nós realizarmos nossos sonhos? Qual a graça que há em aprendermos coisas novas e não a compartilharmos com ninguém? Compartilhe tudo que há de melhor em você, pois é isso que o faz ser quem é. Os verdadeiros tesouros são intangíveis. Eles estão dentro de nós, e, ao contrário dos tesouros materiais, ninguém pode tirá-los de nós. Mais do que isso, quanto mais compartilhamos, mais aumentamos nosso verdadeiro tesouro. E é disso que trata este último desafio: compartilhar o que aprendemos e aumentar ainda mais nossos tesouros.

Existem duas partes nesse desafio. Primeira parte:

"Aprenda tudo o que puder com este livro."

Para fazer isso não basta apenas ler o livro, você precisa fazer os exercícios que propomos, encarar os desafios e fazer suas anotações. Leia com calma, sem pressa. Se alguma parte chamou mais a sua atenção, sublinhe-a e no final volte lendo tudo que sublinhou.

Uma forma de estarmos sempre revendo o que estamos aprendendo é ter um caderno para fazer anotações sobre o que nos chamou mais a atenção em um livro, em um filme, e também para registrar nossos insights (intuições sobre algo).

A cada parte que ler, aproveite para refletir. Leve cada trecho para sua vida e veja como aplicá-lo na prática. Uma forma de estudar que enriquece nosso aprendizado é ler e associar o que se leu com alguma experiência que possamos ter tido.

Faça isso e comprove o quanto o seu aprendizado em relação a uma simples leitura pode aumentar. Depois de aprender isso, faça o mesmo em relação a tudo que ler e quiser assimilar melhor.

Segunda parte:

"E passe adiante para pelo menos 10 pessoas".

A segunda parte desse desafio final consiste em compartilhar com os outros algo importante que aprendeu. Podemos fazer isso de muitas formas, e aqui vão alguns exemplos:

> Conversar sobre parte do que leu com um amigo e pedir sua opinião sobre o assunto;

> Dar um livro para alguém. Quantas pessoas conhecemos que estão passando por algum tipo de problema ou com dificuldade para entender algo específico? Dê-lhes um livro sobre aquele assunto específico, de preferência um que já tenha lido, para compartilharem opiniões depois;

> Monte uma mensagem de reflexão sobre as principais coisas que aprendeu e envie para amigos;

> Incorpore algo que realmente aprendeu em suas atitudes. A simples mudança da nossa forma de agir pode ajudar várias pessoas que convivem conosco pelo exemplo direto dado pelas nossas atitudes. Talvez esse seja o melhor de todos os exemplos, a atitude;

> Seja criativo e pense em outras formas. Será fácil compartilhar isso com pelo menos 10 pessoas. Se o que você escolheu compartilhar com uma pessoa for muito impactante para ela, lance-lhe o desafio de passar aquilo que aprendeu adiante.

É aprendendo e ensinando, aprendendo e compartilhando, guiando e sendo guiado que vamos construindo o nosso mundo. Que tipo de mundo você está construindo agora?

Se cada um de nós fizer essas pequenas coisas, com certeza ajudaremos a criar um mundo melhor para todos nós e muito melhor para todos aqueles que vierem depois de nós.

Uma das coisas mais gratificantes que podemos fazer na vida é acrescentar algo na vida de alguém e perceber que este algo foi importante e fez a diferençaa. Esse é um objetivo que tenho na minha vida e que compartilho com você.

Aceita o desafio de acrescentar algo na vida de alguém?

O desafio está lançado. Agora, só depende de você.

"Não sei se a vida é curta ou longa para nós, mas sei que nada do que vivemos tem sentido, se não tocarmos o coração das pessoas.

Muitas vezes basta ser: colo que acolhe, braço que envolve, palavra que conforta, silêncio que respeita, alegria que contagia, lágrima que corre, olhar que acaricia, desejo que sacia, amor que promove.

E isso não é coisa de outro mundo, é o que dá sentido à vida. É o que faz com que ela não seja nem curta nem longa demais, mas que seja intensa, verdadeira, pura enquanto durar. Feliz aquele que transfere o que sabe e aprende o que ensina."

Cora Coralina

Palavras do Autor

Devido a essa crença que tenho, este livro é a realização, de alguma forma, do sonho de poder contribuir para um mundo melhor.

Se pudesse pedir uma coisa a Deus, pediria que este livro pudesse chegar às mãos daqueles que podem e querem aprender algo com estas páginas. Se pudesse pedir algo aos amigos que irão receber, ganhar ou comprar este livro, pediria que não deixem aquilo que aprenderem aqui e em outras áreas de suas vidas ficar somente com vocês. Passem adiante. Indiquem este livro se gostarem, indiquem outros livros de que gostarem, escrevam um livro sobre as coisas que aprenderam, ensinem o que aprenderam àqueles que estão a sua volta, enfim, colaborem com toda a capacidade que têm para o crescimento do nosso mundo. Compartilhem aquilo que puderem e não deixem esse ciclo de amor e crescimento se quebrar; pelo contrário, façam com que ele cresça cada dia mais, da forma que puderem, começando com um simples sorriso sincero para aqueles que o cercam.

Façam pelos outros aquilo que gostariam que alguém fizesse por vocês. Sigam esse princípio, façam isso de coração, e a vida mostrará naturalmente o caminho para a verdadeira felicidade.

Transformar pessoas, começando por nós mesmos, é um caminho que leva a vida inteira. Sempre temos algo a melhorar, sempre temos algo a crescer, sempre temos algo a acrescentar no mundo em que vivemos.

Como podemos ser melhores a cada dia? Essa é a pergunta que precisamos fazer todos os dias. A resposta a ela é que nos faz crescer e evoluir.

Todo o conteúdo deste livro é apenas o começo, os passos iniciais. Vá além disso, busque mais, procure melhorar a cada dia, entenda cada dia mais a si mesmo e alinhe cada vez mais o coração, a mente, o espírito e o corpo. Quanto mais alinhadas essas quatro partes estiverem, mais unificados iremos nos tornando.

Vá sempre em direção ao que é importante para você e lembre-se do provérbio que finaliza este livro: no final do jogo, o rei e o peão vão para a mesma caixa.

Somos todos iguais. Somos todos especiais. Todos temos as capacidades de que precisamos para ser felizes. Se você ainda não as está usando, comece agora a fazê-lo. Tudo começa com o primeiro passo. Qual será seu primeiro passo?

Agora é com você...

Rio de Janeiro, primavera de 2012

"Terminando o jogo, o rei e o peão voltam à mesma caixa."

Provérbio Chinês

Bibliografia

Poder sem Limites – Anthony Robbins;

Coaching Integral – Além do Desenvolvimento Pessoal – Martin Shervington;

O Livro de Ouro da Liderança – John C. Maxwell;

O Poder do Cérebro e da Mente - Laureli Blyth;

Consciência É a Resposta – Robert Happé;

A Fonte Interior – Kathleen Vande Kieft;

O Caminho do Mago – Deepak Chopra;

O Efeito Sombra – Deepak Chopra, Debbie Ford e Marianne Williamson;

Fundamentos do Budismo – Brasil Seikyo;

A Arte Tibetana do Viver e do Morrer – Rinpoche, Sogyal / Palas Athena;

Material recebido na Formação em Programação Neurolinguística – Instituto de Neurolinguística Aplicada:

- *Practitioner em PNL;*
- *Master em PNL;*
- *Trainer em PNL.*

Material da Formação e Certificação Internacional em *Coaching* pelo *Incoaching* (Inst. Internacional de *Coaching*).

Contato com o autor:

www.marcelofelippe.com.br
marcelo.felippe@gmail.com
Face / linkedin / Insta: marcelofelippecoach
Canal do livro no youtube: Transformando Pessoas
https://www.youtube.com/channel/UCg3ODsEJ2UvG7knCaZE9UdA

Publicação de livros que venham contribuir com o bem-estar, alegria e crescimento de todos os seres.

Conheça nosso catálogo no site:
www.sementeeditorial.com.br
Recebemos originais para publicação:
contato@sementeeditorial.com.br